臺灣歷史與文化 研究輯刊

十 二 編

第 5 冊

「我們」是誰？
—— 1945～1949 思索主權的文化邏輯

林 封 良 著

花木蘭文化事業有限公司

國家圖書館出版品預行編目資料

「我們」是誰？── 1945～1949思索主權的文化邏輯／林封良
著 ─ 初版 ─ 新北市：花木蘭文化事業有限公司，2017〔民
106〕
目 2+148 面：19×26 公分
（臺灣歷史與文化研究輯刊 十二編：第 5 冊）
ISBN 978-986-485-157-7（精裝）
1. 文化政策 2. 臺灣光復
733.08   106014094

ISBN-978-986-485-157-7

9 789864 851577

臺灣歷史與文化研究輯刊
十二編　第五冊　　　　　　　ISBN：978-986-485-157-7

「我們」是誰？
── 1945～1949 思索主權的文化邏輯

作　　者　林封良
總 編 輯　杜潔祥
副總編輯　楊嘉樂
編　　輯　許郁翎、王　筑　美術編輯　陳逸婷
出　　版　花木蘭文化事業有限公司
社　　長　高小娟
聯絡地址　235 新北市中和區中安街七二號十三樓
　　　　　電話：02-2923-1455／傳真：02-2923-1452
網　　址　http://www.huamulan.tw 信箱 hml810518@gmail.com
印　　刷　普羅文化出版廣告事業
初　　版　2017 年 9 月
全書字數　142712 字
定　　價　十二編 13 冊（精裝）台幣 26,000 元

「我們」是誰？
── 1945 ～ 1949 思索主權的文化邏輯

林封良　著

作者簡介

林封良，台灣國立交通大學社會與文化研究所博士，科技部台大人文與社會科學研究中心博士後研究員。研究專長研究領域為東亞現代性、東西思想史比較、當代西方思潮、文化理論、中國無政府主義文學與思想、東亞現代儒學、台灣戰後文化史，而主要著作與翻譯，散見於日本、台灣與中國各類期刊。

提　　要

　　本書，是我透過 1945～1949 的史料，重新回顧國府初期的文化場域，以思考文化內部如何在主權意志的驅使下形成了社會文化立即的緊張與割裂。但是，本書也同時關注到國府初期在台灣知識份子如何思考主權本質化與封閉的性格，並在反覆問題化「我們」的過程中再次探索了不同的可能性，而這也是本書重返介入 1945～1949 年的思考起點。

　　通過 1945～1949 年文化史的追探，在本書中我們除了會閱讀到在一大時代背景下台灣的國民政府如何藉著主權意志的立場發揮其治理性的潛式（potentiality），我們更會體驗到當時在台灣的兩岸文化人在面對強力的「中國化」論述時，如何藉著評論、書寫及文藝活動來構連出台灣文化不同於主權概念的想像。此外，本書更透過文化理論的視野，將台灣國府 1945～1949 年執行於「中國化」、「國民性」和「國語運動」的主權論述，擴展至對二戰後全球知識分配的理論性探索及方法論上的反省。

　　而本書，就是我透過 1945～1949 年的歷史動態所做出的研究。面對當時台灣文化在狹隘意識下造成的文化閹割，我企圖思索：究竟誰是「我們」，而我們又是「誰」？「誰」又能對「我們」驟然定義？在這此之間，是什麼認識結構形塑了文化的封閉和對立性？又是怎樣的問題貫徹及導引出文化自身的防衛和緊張？而這些認識結構該如何鬆解並引導出不同探問和思考的可能性？

目次

第一章　歷史的片段
——誰在說我們的故事？

壹、研究動機

　　一九四九年國共內戰失利，國民黨撤守台灣，爲確立它在台灣政權的主導地位，遂啓動了黨內改造。〔註1〕一九五〇年韓戰爆發，國民黨政府在冷戰結構觸動下，不但拾取了國際戰略的邊防地位，更自此藉政治資源的運用，對島內文化執行高壓與壟斷的意識控制，以形塑出五〇年代與六〇年代台灣白色統治的基調，而使得台灣的文化場域中充斥了中原與大中國主義的論述型態。但是，這樣的論述樣態，卻在七〇年代後期產生了質變。

　　七〇年代中後政治局勢逆轉，在國際間喪失了聯合國的席位、中美斷交，而島內則引發了中壢事件與美麗島事件的衝突，這一連串動盪都促使過去國民黨所極力穩固的世界逐漸鬆動。黨外活動興起與國際上脫離聯合國的孤立，是促使探索身份認同成爲七〇年代末台灣島內思想主軸的緣由。這時文化場域中，先後出現現代詩與鄉土文學論戰兩個重大的文化現象，它所突顯的正是在七〇年代中，台灣面臨國際紛亂繼而思考要求回歸民族、回歸現實，

〔註1〕 在大陸內戰失敗後，蔣介石將失敗的原因求諸於黨員的腐敗、組織的鬆弛和軍隊士氣的低落與軍閥化，因此在一九四九年退守台灣後就開始構想「改造」的反省。而從此反省而導出的「改造」，不只是黨組織的整頓與改組，而是要克服黨內派閥，貫徹領導者的指導（「領袖獨裁」），以黨對國家機構（「軍、政」以及「特務」＝情治機關）進行一元化的指導，重建政權爲政黨國家。其精神爲「以黨領政」、「以黨領軍」。黨是政府和軍隊的靈魂，也是導演、引擎，政府和軍隊不過是演員和車輪，進而使台灣成爲政黨國家＝黨國體制。（Chen Hsiao-shih ,*Party-Military Relation in the ROC and Taiwan : Paradoxes of Control* , Westview Press ,Boulder, San Francisco, and Oxford, 1990, p55）

回歸中國文化的傳統與台灣歷史的過往，進而能夠從文化內部獲得抗拒外來動亂的力量。但也就在這種回歸的聲浪中，逐漸攜伴出台灣具體的真實影像。蕭新煌就曾經指出，在國際外力的衝擊下所產生的民族主義，似乎是「台灣意識」可以滋長的重要媒介。〔註2〕因此，在「中國意識」的原則下「台灣意識」可以普遍獲得認可，真實的台灣也能夠在某種平衡與開放的狀態中逐漸被呈現出來，但同時也就在特定政治力量的觸發下，讓幾股內在的文化動力被激化。

「美麗島」事件，可說是揭開整個八○年代政治局勢巨大變化的序幕。當時，因「美麗島」事件的帶動，1980年底台灣不僅補辦了中央民意代表選舉，更進一步舉辦了1981年省市公職人員選舉。這兩項政治活動標示了「黨外」力量的重整與集結，甚至是「迅速」完成了所謂「黨外再出發」的政治意圖，〔註3〕其突顯八○年代承接了七○年代對於威權體制的反抗，和以此反抗展開對台灣本土化強烈的政治訴求。不過，可惜的是，八○年代的「台灣本土化」意識在政治的選舉策略中被過度催化，使得「黨外」權力團體與國民黨政權間的省籍差異成為政治所操弄的象徵符號。尤其，在政治對立與政治利益的追逐下，所謂的省籍認同、鄉土認識與情感訴求都一再淪為政治廉價的操演對象，反而與其抗爭威權體制、追求民主政治的過程，逐漸脫逸開來。王振寰、錢永祥就曾在〈邁向公共化、超克後威權〉一文中指出，過去的權威政體使用國族、或民粹邏輯，為的是消極地正當化自身與「容蓄」不同的省籍民眾，而現今的政黨利益，則積極地將此邏輯裝扮為政治動員的槓桿，藉由省籍、或本土的符碼區分進行「排除」。這樣的動員／排除政治，肇端於七○年代末期那個以除自由化、除社會化的「黨外」，接到1986年成立的民進黨，再接到在李登輝掌權下本土化的國民黨政權。而如果說，從黨外到「本土化的國民黨政權」，並再經歷「政黨輪替後」的新政權是一民主化過程的話，這民主化過程是依賴省籍──國族身分的動員路徑而進行的。〔註4〕

〔註2〕蕭新煌，〈當代知識份子的「鄉土意識」──社會學的考察〉，《中國論壇》265期，頁56～67。

〔註3〕李筱峰，《黨外運動四十年》，頁155；若林正丈、松永正義合著（1988）《中日會診台灣──轉型期的政治》，頁63～65。

〔註4〕〈邁向公共化、超克後威權──民主左派論述的初構〉，《台灣社會研究季刊》，十五週年學術研討會論文，2003.10.4～5，http://www.bp.ntu.edu.tw/Web Users/taishe/20031004_draft.pdf.

　　2000 年政黨輪替，國民黨終究也結束了長達五十年的執政。然而，就在 2016 年的今天，我們卻仍然看到在政治操作下，文化、社會與省籍的對立不斷輪番上演。「本土意識」、「台灣精神」、「永續台灣」，就在這種種看似激烈、熱情的口號下，我們又該以怎樣的冷靜態度加以思考？出生於七○年代的我，來不及參與保釣，更錯過了野白合，對於白色恐怖也有著間斷卻不清晰的距離。而現今社會、文化，卻在某種手段、利益、意志操作下不斷的否認，否認自己沒有想要成為強者欲念、否認著不同文化的脈絡、否認著立即卻又對立的爭辯，進而藉著否認而想要取消所有應該可能的認識，甚至是貼上「無愛台灣」的標籤再落井下石。〔註 5〕這一套套自圓其説的緊箍咒，不僅壓縮了七○年代到八○年代以來對於台灣文化豐富性的爭辯，更在政治操演的情況下急速地以「前瞻」、「正港」、「熱愛」的姿態搖旗呼喚。就在這種種的文化徵候中，或許，那個以往我們所抵抗的本質性力量並沒有真正離開。因為，遺忘、拒絕、否定和壓抑差異的誘惑，總讓人稱快。那壟斷性的動員，總返身在人們還相信，僅能依賴群體意志及有效價值的時候，也或就是，誤以為重新號召統合性的解放方案，才足以解開思想束縛的時候。尤其，當這些力量為遮掩台灣歷史內部的矛盾與複雜性，而迴避問題化「台灣歷史」的單向視角時，這一切看似合理卻又不加檢視的壓抑力道，恰好説明了該被反省的本質邏輯並沒有真正地被思索。

　　面對這樣的提問，我再一次藉著歷史的閱讀進入 1949 之前的台灣戰後初期，好重新理解這一切屬於自身，卻因為某種意志的切割進而感覺陌生的歷史，以企圖重新探問：是誰在説著我們的故事？而當你説著我們的時候，「我們」究竟是誰？此處，我所處理的工作，則是透過 1945～1949 的史料，也就是當時有關中國化、奴化、國語運動、國民性論戰、一般性與特殊性的討論、文化政策等等文獻，重新思考這些文字中對於文化內部主權意志、或是主權操作、治理與共同體開放可能性的思考。

〔註 5〕 李登輝指出，「在我從事民主化的努力過程中，有一項概念真重要，就是「認同」，因為住在台灣的人，那無認同台灣，就無可能會愛台灣，前後來到台灣的同胞，那無互相認同，也就無法度愛台灣。那無愛台灣，講民主也無可能，因為民主化，就是本土化。」；「民主化就是本土化。進一步講：民主政權，就是本地政權。咱在建立以台灣為主體的本地政權以後，無想到有一些人，不但無誠心支持，而且想盡辦法阻礙，乎新政府無法度推動政務，乎百姓受到苦難。這些人同時暗中呼應中國大陸，講中共的好話，唱衰台灣，造成台灣政局的不安，大大影響咱民主化、本土化的進行，我非常憂心。」http://www.tsu.org.tw/04_32.php.

貳、歷史背景與文獻回顧

一、文化的詮釋──「中國化」邏輯的展開與文化病狀的發生

台灣該是什麼樣子？1945年台灣「光復」，在國府有計畫的引導下，意圖將台灣「中國化」的論述，卻激發了台灣在戰後初期文化上的矛盾現象。當時，戰後「祖國化」的口號風行各地，《民報》在社論〈中國文化的普及辦法〉中就曾經指出：

> 台灣同胞在過去五十年間，實在不容易接受祖國的文化。譬如最重要的祖國書籍新聞雜誌，均受限制，雖抱有祖國愛的熱情，在日本人的壓政之下，實接觸不到祖國文化。光復後全省民最期待的，就是渴望接受祖國文化……對祖國文化的普及辦法，是目前本省重要的任務，其遂行效果如何，唯在當局之熱意是視。〔註6〕

由於在日本殖民時期台灣民眾受盡了各種壓迫與剝削，因此台灣回歸不僅意味著台灣回到一個睽違已久的「祖國」，更意味著台灣人擺脫了日本統治下次等國民的地位。我們可以說，光復初期的知識份子雖對中國不一定陌生，但是，經過長達五十年的異族統治，台灣不管是在社會結構上、或是文化認識上，都與中國有著深刻與孑然異質的經驗。加上五十年以來，日本殖民政府對於台灣文化的箝制，不但抑制了台灣就中國文化較為全面的認識，也造成了接收初期於文化接觸上必然的困難。於是，如何重新認識中國的文化，便成為了戰後台灣知識份子不斷思索與積極介入的場域。

但另一方面，「中國化」在國府政治的捉對下，它逐漸從認識中國文化的動機中脫離，而輾轉演變為一種貶仰台灣歷史、殖民文化的論述。當時，陳儀在1945年二月的中學校長會議上表示：「台胞過去受著日本奴化教育，其所施之愚民政策不使大眾對政治正確認識」；因此，如果「本省過去日本教育方針，旨在推行『皇民化』運動」，那麼「今後我們就要針對『皇民化』而實施『中國化』運動」。〔註7〕於是，在這種政策的宣示下，「中國化」的認識產生了某種異態的質變，它逐漸從一種文化面向中的認識差別開來，而立即導向於對台灣日本異族殖民歷史的全面批判與肅清。當時，新生報社論〈肅清思想毒素〉一文就清楚的指出，台灣在日本殖民的統治下，思想上不知不覺中感染了無數的毒素，對於中國的認識也在日本有計劃的控

〔註6〕〈中國文化的普及辦法〉，《民報》，35.9.12。
〔註7〕《人民導報》，35.2.10。

制下逐漸顯得模糊，從中取代的是日本軍國主義的思想與日本大和民族的頌揚。因此，該社論認爲國府的「中國化」政策其目的就是要改造台灣同胞的民族心性，並且進一步藉著圖書、影視與教育的管制，來徹底清掃台灣文化中所殘留的殖民文化，以促使台灣文化的民族性格能夠符合「中國化」所期待的樣貌。〔註8〕

然而，從這幾個歷史線索涉入，我們不難發現國府初期將台灣「中國化」的論述設定，轉變成爲戰後台灣社會文化中某種變異的收攏性動力：這樣的力道，它首先展示著戰後台灣知識份子回歸的情感，而在政策執行上，此「中國化」論述卻又淪爲統治當局思想控制的最高指導原則。1945 年底公署對於台灣行政、教育、司法的接收工作大致完成，但陳儀在茲念茲還是台灣心理建設的「中國化」政策。同年除夕，陳儀便頒布〈民國三十五年工作要領〉，在要領中陳儀指出爲了廓清奴化思想，台灣同胞首先要進行的就是發揚民族精神，並進一步重新展開台灣同胞的心理改造。他認爲心理建設的改造與語言文字、歷史有密切關係，所以陳儀期待在一年之內，全省同胞可以通用國語、國文、國史，而各級學校也必須以傳授國語、國文、三民主義、歷史爲首要科目，也僅有在台灣眞正成爲中華民國的一份子之後，才能夠眞誠的貢獻所能，幫助民國建構的完成。〔註9〕就陳儀而言，「中國化」一方面銜接著國家民族的精神樣態，而另一方面卻又與國家建國的論述發生關係，但在這種邏輯的配套下，國府公署的政策著重在催化島內社會與文化結構面向的改變，因此，語言、歷史與代表國家精神的三民主義，則成爲國府公署勢在必行的國家政策。

也就在這樣的情勢下，「中國化」便在政治上以一種去「奴化」的論述姿態展演開來。鄭梓就曾經在研究中指出，此時的「中國化」論述不僅無法與社會現實發生關係，它更形成一種組織官僚所疊架出的怪異「中國化」形象。鄭梓在〈戰後台灣行政體系的接收與重建〉與〈試探戰後初期國府之治台策略〉兩篇文章中，分別就公署的行政體系來分析公署執行「中國化」本身的行政操弄。在鄭梓的分析中，他認爲長官公署的行政規格延續了日治總督府的行政規劃，在其行政權能夠有效擴張的配置下，「中國化」的規格設定便成

〔註8〕　〈肅清思想毒素〉，《台灣新生報》，1945.12.17。
〔註9〕　陳儀，〈民國三十五年工作要領〉，《陳長官治台言論集》，35.5，台灣省行政長官公署宣傳委員會，頁45。

為公署獨攬的意義詮釋；〔註10〕也就是說，這時候的「中國化」意義座落在公署操作的機制之上，各種語言、教育、經濟、文化都在其所詮釋的「中國化」原則中，形成單向性的操作甚至成為迫害的手段。也因此，「中國化」在公署政權蓄意的建構下，它充斥著行政權力的介入與民族樣貌的強制規範。尤其，隨著「中國化」國民性的提倡，相應而生的就是台灣殖民歷史的「奴化」命名，而公署也就在經由「中國化」論述與行政結構相互搭配和剪裁之下，企圖藉著「中國化」論述與「奴化」論述的對立，以共同建構政權對文化詮釋的合法性，進而讓國府可以在「中國」正統的旗幟下鞏固主權自身的支配地位。

而這「中國化」論述的建置，在1946年「台灣行政長官公署施政方針」中，更進一步正式說明要透過台灣省編譯館與宣傳委員會兩個機構來加以倡導。黃英哲曾在〈台灣省編譯館研究（1946.8～1947.5）──陳儀政府台灣文化重編機構研究之二〉一文中，考察戰後初期公署的文化政策以及當時文化狀況的側面；黃文認為長官公署的中國文化本位政策係透過「台灣省編譯館」與「宣傳委員會」兩個機構來進行，而就在當「中國化」成為某種國家機制並加以展開的同時，它就立即演繹成一個由外而內，由上而下的「國民建設」，企圖計劃將新納入「中華民國」卻非「國民」的日本化台灣人給國民化。〔註11〕於是，「中國化」的意識形態在「國民性」的架構中，獲得從容且足以推展的空間。此一過程，就在各級教育書籍配套、行政人員訓練和師資培訓與甄選的組合下，經由「中國化」將政治箝制付諸於國民化的實踐，並使這挪換取得正當性的語彙。當時《新生報》社論〈推行國語問題〉就曾寫到：

> 談□學習的人，我們以為不妨採自由與強迫兩種。就是依男女及職業分別開辦國語研習所、由欲學習者自由報名入校。另外就各戶分別調查勸導，必須有一人報名學習國語。這樣，自由與勸導併行，學的人必可以廣泛參加，而收到普遍的效果。〔註12〕

〔註10〕鄭梓，〈試探戰後初期國府之治台策略〉《二二八研討會論文集》，台北市：二二八民間研究小組，1992，頁229～277；〈戰後行政體系的接收與重建〉，《台灣史論精選》，玉山社，2002.4，頁233～272。

〔註11〕黃英哲，〈台灣省編譯館研究（1946.8～1947.5）──陳儀政府台灣文化重編機構研究之二〉，《台灣歷史學會會訊》，台灣歷史學會，1998。

〔註12〕〈推行國語問題〉，《台灣新生報》，34.12.18。

而這樣的意識展演出國府對於「中國化」的「期許」，同時也成為政權合理化與其背書的重要說法。在鄭梓與黃英哲的研究中，我們可以發現「中國化」的論述不僅定製了台灣所需的文化樣貌，更藉由這種官方定製的過程，突顯了「國家機制」對文化涉入的強硬態度。但值得注意的是，在鄭梓與黃英哲兩人的研究中，雖分析了國家結構對於文化、社會的介入與強硬的姿態，然而，回到歷史的材料我們卻不得不質問，面對國家機制的問題化我們是否正一再遺忘當時身處台灣的知識份子對「文化」脈絡的思考，以及他們如何將不同的文化經驗並置，好從中取得一個理解當代問題之差異視角的努力。故此，當我們在追問「奴化與中國化」如何執行的同時，我們也必須將其文化場域與當時的歷史背景相互聯繫，以再一次探究：當時台灣省內外的文人如何看待國家主權的壓迫？他們又如何相互的看待？他們又怎樣追問「奴化與中國化」的問題？

尤其，當我們回到 1945～1949 年的歷史情境中可以發現，台灣文化人當時對於中國與文化間的思考絕不僅侷限在政治操作之下。那時候，楊雲萍在公署推行中國化的處境中，就在《民報》社論〈促進文化的方策〉一文中語重心長地指出，

> ……我們是否認說台灣因為五十多年受了日本異族之統治，台灣已沒有文化可言之極端議論，作這種議論的，多是想要自高身價，排起著指導者的架子的。（我們想起，日本統治時代，日人也主張而且積極的宣傳台灣過去沒有文化。）他們對台灣的文化沒有研究過，或是調查過，只是看表面受了日本的統治，就以為一定是沒有文化了，原來文化不是那麼沒有力氣的，或是被限的。不過，從現在的台灣的狀態而言，台灣的文化，確是呈現出一時的混亂和低下，因政治上的變遷，日本統治時代的文化要受嚴屬的再評價或是否定，而我國的新文化，又未能迅速盡量流入，我們要冷靜地承認這個事實，方能確立促進文化的方策。〔註13〕

此處，楊雲萍一則肯定台灣文化的價值，再則也面對當時混亂的局勢，試圖尋求解決之道，期待中國內地的進步言論能夠盡量與台灣交流，讓台灣的文化不再限定於特定的政治因素之上。本著相似的理念，1946 年 6 月 6 日由官方與民間代表所組成的「台灣文化協進會」成立，當時本省籍的進步左翼，

〔註13〕楊雲萍，〈促進文化的方策〉，《民報》，35.2.3。

如許乃昌、王白淵與蘇新不但加入行列，更進一步參與推展會務的實際活動。
而此時的文化協進會除了出版《台灣文化》月刊之外，還在月刊中詳實的概
介了台灣文化的發展經過，積極地與大陸文化界進行交流。呂正惠就曾考察
戰後初期的文化現象，他指出台灣戰後在知識份子有意識的推動下，五四、
民主、科學與魯迅的批判精神成為台灣與內地知識份子共同的語言。而這種
過程，似乎也說明了思考社會、文化的另一種樣態；呂正惠認為，台灣進步
的知識份子透過與內地進步文化的交流，或經由內地書籍報刊的報導，早就
認識到光復初期政治上的各種意識型態與矛盾衝突。也因此，在1946年「中
華全國文藝協會總會」號召下，全省《中華日報》、《和平日報》、《台灣文化》
都分別刊登魯迅專輯，企圖藉由魯迅、五四的引介來闡明文化能發展出更為
不同的精神與樣態。〔註14〕

　　徐秀慧在博士論文《戰後初期台灣的文化場域與文學思潮的考察》中，
更進一步緊緊掌握日治以來對於魯迅的思想軸線，而指出台灣文化人就五
四與魯迅的思想並不陌生，日據時代台灣民眾藉由日文、中文的傳媒譯介，
早已熟知魯迅反法西斯、反封建的戰鬥精神。而戰後台灣與大陸的文化人
雖然身處於歷史現實的隔閡中，但彼此卻不以省籍偏見相互侷限，進而努
力突破中日戰爭中「國籍」身分不同所造就的文化差異，極力的促使兩岸
文化交流，這不但使文化的詮釋不在一種意志作用下被壟斷坐大，更使得
認識文化的多重視角在交流互動中不斷發生，展現其自身動態與豐富的樣
貌。〔註15〕橫地剛更在《南天之虹》一書中，藉著當時作家黃榮燦的經歷
說明當時兩岸知識份子如何像跨越海峽的南虹，經由文學、藝術、文化的
交流相互往來，並且誠懇的思考著如何引介文化，「熱望與本省藝術者合
作」，彼此在台灣的土地上握手，「交換經驗，促使台灣與內地的聯繫連接
起來」，進而使得台灣與中國的文化在彼此作用下，可以發生更具有生命的
樣態。〔註16〕因此，「文化」層面裡不同的思想資源，在兩岸文化人的思考
下不必然成為僵固的樣態；恰恰相反，藉著文化與歷史的認識，我們能夠
發現文化本身的可能性就在於其自身的動態所轉換而來的豐富性，如果僅
是以一種固定的「中國化」政策來侷限文化認識的可能，那它就勢必引導

〔註14〕呂正惠，《台灣新文學思潮史綱》，台北：人間出版社，2002.6，頁155～168。
〔註15〕徐秀慧，《戰後初期台灣的文化場域與文學思潮的考察（1945～1949）》，清華
　　　　大學博士論文，民93.7。
〔註16〕橫地剛，《南方之虹》，台北：人間出版社，2002.2，頁109。

著本質化的暴力與脅迫。這種暴力就如同當時文化人王思翔在《和平日報》〈論中國化〉一文中指出的，

> 隨著勝利而來，一種惡性的中國化正捉住整個台灣，……而現階段
> 台灣的惡性狀態，與全中國舊思想是一脈相承的。〔註17〕

再透過王思翔的陳述，我們更可以清晰的發覺國府初期兩種意義截然不同的文化動力。我的研究，也就是從這兩種思考文化的不同姿態加以展開。更確切地說，是將問題化「中國化與奴化」的論述，視爲一文化「主權」辯證的切入視角，〔註18〕並透過戰後初期的台灣歷史軸線進行討論。在追問「中國化」所形構的緊張與壓迫的同時，也嘗試藉由當時文化人對「文化」的思索，來檢驗文化內部「中國化」與「奴化」的結構性認識，好再一次探問文化自身能動的可能性。就如同戰後，王思翔、楊雲萍突顯的，那不僅是對於一種「惡性中國」的追問姿態，更是另一種在「文化認識」上重新發問的可能樣貌。也就是說，面對這種文化動力的模態，我們除了必須質問國府所執行的「中國化」如何辨識「中國」？而又如何執行中國「化」？但另一方面，我們更必須質問「中國化」爲何又僅能如此被辨識與執行？而又何爲需要「中國化」？就社會、文化的思考難道沒有更開放的姿態？然而，如果僅能如此被辨識與執行，國府所操演的「中國化」是否又隱喻了某種主權自身的封閉與索求的欲望？而面對這樣的封閉又該如何鬆解？怎樣鬆動？怎樣探問「奴化」與「中國化」和「主權」間的問題？爲了銜接這樣的思索，此處，就讓我們再一次進入「奴化」與「中國化」的論述繼續討論。

二、僵固的置入——「奴化」與「中國化」的論述操演

1946 年內地的政治局勢持續的緊張，同年 6 月國共內戰爆發，要求和平建國、高度地方自治、反對獨裁政治爲內容的戰後民主化運動，在全大陸洶湧發生。同時，公署政府在「中國化」的政策上，卻持續執行著有關台灣文化該「怎樣」認識「中國」與該如何中國「化」的論述。

當時，宣傳會的主任秘書沈雲龍認爲，此時的「中國化」必須建立在「去日本化」的文化現象上，因此他便指出：

〔註17〕 王思翔，〈論中國化〉，《和平日報》，1945.5.20。
〔註18〕 而有關主權的問題，我在第二章將詳細展開。

> 單就日本人過去五十年所施於台胞的教育政策這一點而言，應毫不
> 客氣來一個「反其道而行之」，或言之，即是日本人所散播的文化思
> 想上的毒素，應該馬上予以徹底大掃除。〔註19〕

教育部長范壽康更指出，

> 皇民化的教育是不擇手段、費盡心力，想把住在台灣的中國同胞，
> 都教化成日本人……變成為供日本驅使的奴隸……甚至禁止他們閱
> 讀現代中國的書籍……過去所受的不平等、不合理的皇民化教育，
> 我們自然應該從速徹底加以推翻，用最經濟最科學的手段使台灣教
> 育完全中國化。〔註20〕

而省黨部的主任委員李翼中就更在〈對當前台灣的文化運動的意見〉一文中，特意指出台灣目前的文化運動缺乏明確的領導中心，導致在台灣文化中許多的「日化現象」仍無法有效的根除。因此，他認為必須藉著三民主義的總體目標，來確實糾正台灣文化中的日化樣態。〔註 21〕但是，也在這種種糾正與清除的論述中，「中國化」透過公署的政治操演，封閉了台灣殖民歷史內的抵抗性經驗，並使得「中國化」以一種對立與僵硬的姿態開展出其自身意義的組織範疇。

　　就在公署執意推行「中國化」的政策之下，國語運動的配套就成為公署急欲完成的文化作業。當時，《新生報》社論〈厲行國語普及〉一文就曾經指出，目前台灣光復首為重要的就是國語運動必須雷厲風行的執行，尤其國語關係著國家民族的情感，如不能貫徹國語的執行，那所謂的台灣光復也僅是表面的陪襯而已。況且國語更進一步帶動著國家政治的行動效率，各種政治的運作都非國語不可，所以，國語運動的推展不但牽涉著國家情感的維繫，更是牽涉著社會進步的重要元素。因此，國語運動非雷厲風行不可。〔註 22〕陳儀面對「中國化」運動的執行時，更在國父紀念週報中明確的回應，

> 文官任用方面，希望文官考試以日文考試，這一點是辦不到的。文
> 官考試必須用國文，……對於國文，我希望我們要剛性的推行，不

〔註19〕沈雲龍，〈台灣光復後的青年再教育問題〉，《現代週刊》創號刊，1945.12.10，頁 3。

〔註20〕范壽康，〈今後台灣的教育方向〉，《現代週刊》，1 卷 12 期，1946.3.31。

〔註21〕李翼中，〈對當前台灣的文化運動的意見〉，《台灣新生報》，35.7.28。

〔註22〕〈厲行國語普及〉，《台灣新生報》，35.1.4。

能稍有柔性，中國有個毛病，什麼事不能斬釘截鐵的幹……，我們
推行國文國語，必須剛性的，俾可增加效率。〔註23〕

1946 年二月，陳儀成立「國語推行委員會」，更於 1946 年十月二十五日廢
除報紙雜誌的日文版。但是，也就在政治匆促的索求中，台灣的文人直接
地失去了另一個發言與創作的管道。陳芳明就曾在〈戰後初期文學的重建
與頓挫〉中指出，國府的語言政策，就台灣文學作家的文學活動而言，不
難避免地構成了創作上嚴重的傷害，使台灣作家不得不強迫的染上歷史失
憶症，也因此出現失語的現象。〔註24〕許雪姬更在〈台灣光復初期的語言
問題〉一文的分析中強調，行政長官公署在接收台灣一年後即廢除報紙雜
誌的日文版，相較於日人統治完全推行國語運動也要到領台四十二年後才
取消報紙的漢文欄，而這樣急速轉換台灣就日文的使用，正突顯了國府對
台灣抵抗殖民歷史的忽視。因此，許雪姬認爲當時台灣的文化人站在中國
文化的立場，雖然不至於有太大的反彈聲浪，但是針對於時間的迅速，卻
突顯了語言政策本質上的剛硬態度，不僅忽視台灣民眾在語言轉換上的困
難，更對台人缺乏同理心。〔註25〕

另一方面，曾健民進一步藉著考察「國語」與「方言」之間的角度介入，
而在〈打破刻板印象，重回台灣語言問題的原點〉一文中他首先承認，語言
運動無法避免夾帶著暴力性，但是光復時期的國語運動不單僅是「國語」的
推行而已，它更是藉著台語方言的運作來推展國語運動的執行。因此，曾建
民以爲在考察國語運動的推展，不應該僅是以狹隘的角度擺置在國府政策的
壓迫上，而應該重新藉著「國語」和「方言」之間的聯繫關係涉入，理解在
民族化的思考之下，國府藉著語言運動的推展，企圖創建現代國家的努力。
〔註26〕

從上述研究的論點展開，不難注意到就在國府積極執行「中國化」的同
時，不但企圖形塑了台灣文化的風貌，甚至造成台灣文人在創作與書寫上重
大的創傷。但另一方面，我們也不能夠簡單地將文化上的限制歸咎於國語運

〔註23〕陳儀，〈民國三十五年度工作要領〉，《陳長官治台灣言論集》第一輯，台灣行
　　　政長官公署宣傳委員會，頁 45。
〔註24〕陳芳明，〈戰後初期文學的重建與頓挫〉，《聯合文學》197 期，頁 155。
〔註25〕許雪姬，〈台灣光復初期的語文問題〉，《思與言》29：490（1991），頁 184。
〔註26〕曾建民，〈打破刻板印象，重回台灣語言問題的原點〉，《因爲是祖國的緣故》，
　　　台北：人間出版社，2001.1，頁 189。

動的推行；因為，根據光復初期的統計，台灣從 1946 年元旦前創刊的報紙就計有：《一陽周報》、《民報》、《台灣新生報》、《政經報》、《鯤聲報》、《人民導報》等報，特別是其中《民報》、《人民導報》、《和平日報》、《新生報》、《中華日報》等，都設有副刊或文藝版，這都足以證明台灣文化界在終戰兩個月內已有能力出版中文報刊，而所謂的中文創作，並不造成台灣作家自身的限制。〔註 27〕再者，我們也必須理解在國府初期的國語運動中，台語「方言」並不立即形成「國語」的對立面，相反地，台語「方言」更成為「國語」推展的重要中介。但重要的是，國府經由「國語」與「方言」的並行，這是否就真的表現出對於台灣歷史較為開放的政治態度，特別是當國府文化政策在民族主義的號召下，它不但強調對於地方認同的收編和壓抑，〔註 28〕更為嚴重的它導致了台灣殖民歷史的否定。也就是說，國語的問題必須跳脫既有的認識框架，重新擺設進台灣文化的理解脈絡，再次探問究竟怎樣的權力欲望引發了文化、歷史必然的抹滅？而又為何必須真的如此的切割，進而使得文化的多元性與歷史性一再地被掩匿而無法呈現？

　　就在 1947 年 1 月在二二八發生的前夕，蘇新就曾在〈「內地」與「內地人」〉一文中充分的表現了這種文化的衝突性，他說，

> 因為「內地」之反是「外地」，「外地」就是「殖民地」的意思；「國內」之反就是「國外」而「國外」就是「自己的國家之外」的意思。因此，來自外省的同胞稱自己是「內地人」或「國內人」來與「台灣人」分別的時候，其潛在意識有一種把台灣當作「中國的殖民地」，把台灣人當作「殖民地的土人」，正如日本統治時代住在台灣的日本人一樣。〔註 29〕

在蘇新的文章中，我們嗅出文化內部在主權意志的介入下，進行一種「內地」與「外地」的區隔意識，而就在這樣的意識中，它更推展了文化建構、排除與貶抑的價值姿態。當這區隔，藉「中國化」的邏輯座落在文化軸線時，它曖昧的意味著「中國化」在公署的定義下，交揉著一組詭異的價值操作。也由於，在此政治操作中，就台灣抵抗殖民的歷史、或台灣對中國文化認識，

〔註 27〕彭瑞金，《台灣文學探索》，前衛，1995.1，頁 100。

〔註 28〕汪暉，〈帝國、國家與中國認同──兼談中國研究的方法問題〉，《國際華人學者講座系列》，交通大學社會與文化研究所，2003，頁 56。

〔註 29〕蘇新，〈「內地」與「內地人」〉，《新新》新年號，1947 年 1 月；或參考作者：《未歸的台共鬥魂》，時報文化出版，1993 年 4 月 10 號。

都不必然成爲考量的範疇，而台灣文化的可能性，也就在這過程裡逐漸被否定、被排斥。

對於此問題的研究，莊惠惇就曾在《文化霸權、抗爭論述──戰後初期台灣的雜誌分析》中，經由知識╲權力的角度，重新分析此一時期雜誌文化的生產。她指出，戰後台灣的文化論述以外省╲本省、官方╲親官╲民間爲兩大分類標準，而其中的論述更呈現了「國族論述」的箝制樣態，以及民間文化的「抗爭論述」。但是，莊惠惇在分析中闡明，國民黨以其黨國機器的暴力，不僅收編了日本政府的文化資源，更進一步藉著文化資源的壟斷來建構符合於國家機制的「中國化」論述形式。因此，在「中國化」論述的吸納下，民間論述不但無法超越其「國家」的侷限，反而被排除到次要的領域而加以忽視、否定。莊惠淳認爲，戰後初期「『國族論述』達到某種程度的成功，民間毫無察覺已被統治者收編於『國族共同體』之內」。〔註30〕

游勝冠在《台灣文學本土論的興起與發展》一書中卻認爲，台灣光復初期雖然被放在「中國」的大範疇之下，但是台灣人始終站在台灣的立場，有條件的接受中國由祖國立場出發所加諸於台灣人的種種索求，也一直是以台灣人的視野、對等的眼光，來看待和中國之間的關係變化。他的分析指出，台灣人經歷五十年的殖民統治，對於政治權力宰制具有著敏銳的洞察，尤其是當公署國府在僵硬的「中國化」執行過程中，台灣的知識份子便有意識的嗅出國家意志本身對權力的欲望。游勝冠站在台灣自身的立場強調，台灣雖然在日本統治五十年後與中國再次結合，但是日據時代台灣人共同體的意識並未因爲回歸中國而有所磨滅。相反地，在國府操作「中國化」、反對「台灣文化」，甚至是指控「奴化」的同時，台灣人的反抗意識卻一再地被強化。因此，從台灣人就中國的批評中，雖台灣人是以中國的一省表達出對中央政府的不滿，但我們也同時看到日據時代「台灣是台灣人的台灣」的本位意識的浮現。〔註31〕

而陳翠蓮在〈去殖民與再殖民的對抗：以一九四六年「臺人奴化」論戰爲焦點〉文中重新檢視了「台灣人奴化」的論戰與過程，他認爲對台灣人而言，戰後文化政策具有其嚴重的政治歧視，而所謂「祖國」的「光復」只不

〔註30〕莊惠惇，《文化霸權、抗爭論述──戰後初期台灣的雜誌分析》，中央大學歷史研究所碩士論文，1998，頁 203。

〔註31〕游勝冠，《台灣文學本土論的興起與發展》，前衛，1997.6，頁 98。

過是同族的「再殖民」，讓受挫的台灣菁英再一次企圖自我防備，進而在過去的殖民經驗中尋找「我者」與「他者」的區別。〔註32〕曾士榮在《戰後台灣之文化重編與族群關係》中，更藉著探討「國家機器」，而進一步討論族群、省籍關係的發生。他認為，光復初期台灣社會「中國化」與「奴化」的對立，基本上是一個群族之間對於彼此文化相互理解的問題。這種問題一直到二二八事件爆發之後的三月屠殺，就導致日漸淡薄的國族認同被割捨，而「基於對外省人與中華民國的仇恨反彈，一個帶有國族性意涵的『本省人族群認同體系』終於形成」。〔註33〕

　　從上述研究者的分析，我們看到他們都指出在公署刻意的主導下，「中國化」質變為政治所操演的東西。但我們更可以說，「中國化」不僅從當時台灣的文化場域中被導引出來，更經由這樣的導引轉變為某種強迫與忽視的雙重動力。於是，「中國化」在國府政治的操演下，勢必包含著「內」與「外」兩個對立的場域，特別是藉著知識＼權力的角度涉入，「中國化」就必然攜帶著某種真理的宣稱，企圖透過政治的效力維持「中國化」的真實，以鞏固政治主權本身的利益。就如同蘇新所描繪的，國府初期公署主權意志為了創建一個國家主體與文化系統，它便會利用真理、正統、內與外的「中國化」宣稱，來往返導引一種「外」與「內」的否定和調控的任務。更甚，當「內」在主權意志為了有效調控「外」在異質文化的發展，它勢必須要透過一種更為完全與滲透的主權欲望，好壟斷與否定文化「外」在的差異性詮釋。然而，也在這種否定與壟斷的動力之下，主權意志不但聯繫起國家在其象徵體系內所有的文化秩序，它更讓這秩序在主權的意志中朝向單一且固定的認同體系發展。此一過程，使台灣「外」在於「內」部的抵抗殖民之歷史經驗，再一次受到抑制，而台灣文化的樣態，也就在「中國化」的號召下，不斷地轉譯為渴望著正統、純淨與非奴化的樣貌。

　　但是，作用力勢必形塑反作用力。在莊惠惇、游勝冠、陳翠蓮與曾士榮的分析詮釋裡，如果從另一個角度進入閱讀便能發現，經由國家體制的鉗制，台灣的文化型態不但可能幻化為「中國性」固化的對立面，它更藉著這種固

〔註32〕陳翠蓮，〈去殖民與再殖民的對抗：以一九四六年「臺人奴化」論戰為焦點〉，《台灣史研究》民91，頁145-201。

〔註33〕曾士榮，《戰後台灣之文化重編與族群關係》，台灣大學碩士論文，1994，頁90～91。

化的激發而發展成一種抵制、對抗的相對動力。也就是在這種往返的衝突中，它為台灣衍生出一種既彼此排斥又相互共構的文化型態。難以否認，就當國府公署藉著國家抑制強力介入，而刻意忽視台灣異質文化的同時，台灣內部在壓迫性動力的激發下導引出了相對的抗拒形式，這種抗拒的動力不僅是經由「中國化」與「奴化」互對立的姿態所建構出來，更是藉著某種主權動力的封閉所立即導致的文化區分及辨識。這也就意味著，當「中國化」以蠻橫和宰制的欲望出現的時候，一種「台灣本土」的強烈姿態便迅速對立在文化的場域之中，它不僅成為有效區隔文化「自我」與「他者」的文化邏輯，它更有效的成為族群認同體系的完滿觸媒。因此，藉著文化姿態的探問出發，面對這組既為怪異卻又互為基底的矛盾動力，我們必須深究的是怎樣的封閉導致了文化現象的孑然對立？而又是怎樣的主權意志導致了文化自身的防衛與緊張？然而，真的沒有一種更為包容的理解，真的必須如此對立而鞏固自身嗎？

三、想像「文化」，特殊性與一般性的文化詮釋

　　1947 年大陸在民主化的浪潮下展開了洶湧的學生運動，而 1947 年元月台灣也同時在台北新公園聲援了對岸的反美學生運動。但此時台灣內部的文化，卻持續地維持著緊張與對立的狀態，1947 年二月二十八號天馬茶房前的取締私煙事件，則成為疏洩台灣內部緊張動力的導火線。

　　就如同我們所理解的，二二八事件之後台灣內部的社會文化呈現空前的高壓，國府為了安定本島內部的文化秩序，於是便再次藉著「新文化運動」的名義來號召省內同胞「洗雪二二八事變的恥辱」。〔註34〕當時，省公署在憲政協進會〔註35〕的體制下，成立了新文化運動委員會。在會中，更提出了十二條的〈新文化運動綱領〉，希望藉著新文化運動重新糾正少數同胞對於國家民族錯誤的觀念，使其台灣的文化生活得以合理化，進而讓全體省內同胞可以一致奮起。這時候，省府也積極藉新智識、新文化運動的投入，力促在台民眾可以重新認識新時代、新環境，建立新認識、新生活，並與全國同胞攜手，共建三民主義新中國，三民主義新台灣，三民主義新文化。〔註36〕

〔註34〕　參與大會的計有：林獻堂，劉啟光，游彌堅，杜聰明，謝東閔，劉明，周延
　　　　　壽等人。參考：〈省新文化運委會昨天開民眾大會〉，《新生報》1947.5.2。
〔註35〕　〈憲政協進會昨召開新文化運委會〉，《新生報》，1947.4.29。
〔註36〕　〈台灣省新文化運委會告全國同胞書〉，《新生報》，1947.4.30。

　　然而，身處台灣的兩岸文化人在二二八事件後，早已經認清了國府公署在文化上箝制、在政治上壓迫的宰制心態，因此無不呼籲以「五四」運動來開啓台灣文化界的新氣象。當時，許壽裳在《新生報》社論〈台灣需要一個新的五四運動〉中便暗示，在國府變相壓迫下，形成二二八事件中嚴重的省籍衝突與矛盾，因此，面對台灣內部的文化矛盾，台灣迫切需要一個「新的五四運動」，來擴展台灣文化開放的可能性。〔註37〕而在《中華日報》〈新文藝〉副刊中更連續配合五四文藝節而刊載了〈擴大新文藝的領域〉〔註38〕、〈展開台灣的新文藝運動〉〔註39〕、〈十年的回顧──中國新文藝的道路〉〔註40〕、〈一點感想──紀念第三屆文藝節〉〔註41〕、〈跨出第一步〉〔註42〕等文章，分別企圖藉著引介中國新文學運動，再次與台灣文人相互交流與互動，期盼透過新文學與五四的介面，重新尋獲文化理解與開放的管道。

　　其實，在1947年台灣的文化圖景已有了重大的改變。當時，在台灣的《大明報》、《民報》、《人民導報》、《和平日報》等民營報社，在長官公署三月的「綏靖工作」中被查封，而此時碩果僅存的公共輿論多是官方報紙。〔註43〕許詩萱在碩士論文《戰後初期台灣文學的重建──以《台灣新生報》「橋」副刊爲主要探討對象》就曾經指出，《台灣新生報》〈橋〉副刊上對於「台灣新文學運動」一般性與特殊性論辯，成爲二二八事件後台灣文化公共領域中最爲聚焦與熱烈的文化現象。〔註44〕彭瑞金就更具體的強調此時〈橋〉副刊的討論，接續了二二八事件後台灣新文學建設的任務。〔註45〕

〔註37〕許壽裳，〈台灣需要一個新的五四運動〉，《新生報》，1947.5.4。
〔註38〕江默流，〈擴大新文藝的領域〉，《中華日報》，1947.4.29。
〔註39〕夢周，〈展開台灣的新文藝運動〉，《中華日報》，1947.5.11。
〔註40〕江默流，〈十年的回顧──中國新文藝的道路〉，《中華日報》，1947.5.4。
〔註41〕明明，〈一點感想──紀念第三屆文藝節〉，《中華日報》，1947.5.4。
〔註42〕遺珠，〈跨出第一步〉，《中華日報》，1947.5.4。
〔註43〕彭瑞金，〈《橋》副刊始末〉，《台灣史料研究》，1997.5，頁35；根據，朱宜琪在《戰後初期台灣知識青年文藝活動研究──以省立師院及台大爲範圍》的研究中指出，四〇年代末期二二八事件之後，台省重要報刊約有：《中華日報》──隸屬國民黨中央宣傳部；《台灣新生報》──隸屬台灣行政長官公署宣傳會；《力行報》──台中力行社出版等（但目前台灣並無完全典藏）。而雜誌類則有《台灣文學叢刊》、《龍安文藝》、《創作月刊》、《潮流季刊》等。（朱宜琪，《戰後初期台灣知識青年文藝活動研究──以省立師院及台大爲範圍》，成功大學碩士論文，2003.6，頁7）。
〔註44〕許詩萱，《戰後初期台灣文學的重建──以《台灣新生報》「橋」副刊爲主要探討對象》，中興大學碩士論文，1999.7.13，頁18。
〔註45〕彭瑞金，〈肅殺政治氣候中燃亮的台灣文學香火〉，《台灣文學探索》，前衛，1995.1，頁104。

　　然而，就在 1947 年底《橋》副刊上，歐陽明以〈台灣新文學的建設〉一文，重新省思了台灣文學與五四運動間的歷史因素，再次提出台灣新文學的理念，從而由此拉開這場台灣新文學爭論的大幕。歐陽明在文中指出，

> ……台灣反日民族解放運動使台灣文學急驟的走上了嶄新的道路。它的目標是要求「民主」與「科學」。這目標正與中國革命的歷史任務不謀而合地取得一致。這説明了台灣文學運動與台灣反日民族解放運動是分不開的。……台灣文學運動的主流……是龐大台胞自己倔強的靈魂的民族文學運動。……一九三〇年以後……台灣文學的第二階段，是一個新舊興替的扭轉期，是一個台灣的「五四」新文學運動，它隨著本島臺胞民族解放革命鬥爭，高漲的激勵的轉變而轉變。〔註46〕

而作家林曙光則更進一步在〈台灣文學運動是直接或間接受到我國五四運動影響而產生而發展〉一文中強調，

> 台灣文學運動的發生與發展，自有其背景，第一、是受到國內五四運動影響。第二、是西來庵事件的結果，台民知道單靠武力反抗日本人沒有什麼效果，所以斷然採取文化手段，……最後我感覺一點，即台灣新文學運動是直接或間接受到我國五四運動而產生，而發展的。所以不脱離我國五四的文藝運動的。〔註47〕

在這裡，我們可以發現在二二八事件後的台灣，儘管受到國府強力「中國化」的貶抑與脅迫，但仍思索台灣文化如何能打開不同的文化資源，並希望藉台灣文學的介入，在透過批判國民政府主權壟斷的文化詮釋下，重新恢復活力。

　　1948 年國府仍舊持續維持著「中國化」與「奴化」的壓迫認識。不過，就在這種文化環境下，楊逵卻在《橋》副刊第二次作者茶會〔註48〕拋出了台灣新文學「一般性」與「特殊性」的議論。在這裡，楊逵再度介紹了「台灣

〔註46〕歐陽明，〈台灣新文學的建設〉，《橋》副刊，1947.11.7。

〔註47〕林曙光，〈台灣文學運動是直接或間接受到我國五四運動影響而產生而發展〉，《橋》副刊 1948.4.7。

〔註48〕歌雷在〈編者作者讀者〉中指出：第二次作者茶會由「楊逵，孫達人，陳大禹，吳瀛濤負責，經過負責人的討論決定了這次論題為『如何建立台灣新文學』，一、過去台灣文運動的回顧。二、台灣文學有無特殊性。三、今日台灣文學的現狀，及其應有的表現方法。四、台灣文學之路。五、台灣文藝工作者合作問題。」（《橋》副刊，1948.4.2）。

文學」與「五四運動」間的歷史演進，並且強調台灣文學在「人人」、「南音」、「曉鐘」、「先發部隊」、「第一線」、「台灣文藝」、「台灣新文學」等充分顯示了「台灣文學」與「五四運動」反對帝國主義擴張的思想是一致的，而其特殊性也僅是語言上的問題而已。〔註49〕故此，如果我們能夠藉著「一般性」與「特殊性」辨證的理路介入，我們可以發現，楊逵對於「一般性」與「特殊性」的倡議，一方面是爲了維繫台灣文學所承襲的左翼批判性格，而另一方面更是期望透過「一般性」與「特殊性」的轉化，以鬆動國府「中國化」的本質性認識，使得台灣殖民的歷史經驗能夠重新擺放在帝國主義擴張的共同歷史經驗中，而不至於受到歪曲與片段的理解。

而對於五四運動的詮釋，游勝冠在《台灣本土論的興起與發展》一書中，則強調台灣新文學運動的起步雖在中國留學生的主導下引進五四的理論與模式，可是，台灣的「五四精神」卻爲台灣文學抗日運動的形式之一，它實際上是從台灣反帝、反殖民的歷史過程中發展出來的。台灣現實才是台灣文學的眞實根源，中國的影響在台灣與中國隔絕的現實中、在日本殖民政權刻意的阻擾之下，對台灣的作用是非常有限的。在游文中我們可以理解台灣文學雖然有五四啓蒙的歷史痕跡，但是在台灣與中國分離的現實情境下，台灣文學的發展是在抵抗自己現實環境所發展出的現實文學。〔註50〕而彭瑞金在描寫戰後初期的文化現象時，卻認爲，「外省籍的〈橋〉副刊的作者。由於對台灣新文學運動的歷史，或完全茫然無知，或認識並不精確，卻多半懷著善意的強烈主觀意願，要把「祖國」五四以降，以「民主科學」包裝的新文學天籟、福音散佈到沉寂的台灣寶島。……這些用寫實主義或新現實主義包裝的代表左翼文人、具有濃厚普羅意識的文學主張，成爲自說自話，未能及時得到台灣作家的熱烈共鳴，……另一方面，因爲台灣作家另有所思，尚有自己的心結，亟待疏解。因此，諸多爭論，不過成了台灣文學史上的空谷跫音，聊備一格而已。」〔註51〕

從上面討論中，彭瑞金的話雖然過分堅決了些，但他們卻指出在台灣光復初期一個往復在「祖國」和「台灣」之間的論述，不但在近年來爭議不斷，早在歷史的軸線裡就存在著許多的爭論。特別是，如果我們能夠透過光復初

〔註49〕楊逵，〈如何建立台灣新文學——第二次作者茶會總報告〉，《橋》副刊，1948.4.2
〔註50〕游勝冠，〈台灣文學本土論的發軔〉《台灣本土論的興起與發展》，台北前衛出版社，1996，頁66～67。
〔註51〕彭瑞金，《台灣新文學運動40年》，頁p52～54，春輝出版社，1997。

期政治肅殺嚴峻的歷史來加以閱讀的話，我們就可以發現彭文與游文所突顯
的正是當時對抗僵固「中國化」最爲激烈的面貌。而他們所質疑，正也是到
底怎樣的強力姿態可以如此的強化自身？而到底又是怎樣的閹割可以剝削台
灣文化的特殊面貌？而台灣文化就僅能是這樣的意象而已嗎？然而，這樣的
問題其實也是《橋》上作家所共同探究的，當時雷石楡曾經反覆的強調「一
般性」的文化本身具有「客觀的內在交錯性」、「眞實性」甚至是「能動性」，
針對這樣的觀點雷石楡在〈台灣新文學創作方法問題〉一文中就指出，

> 從民族一定的現實環境，生活狀態，把握各階層的典型的性格，不
> 是自然主義的機械的刻劃，不是浪漫主義架空的誇張，而是以新的
> 寫實主義爲依據，強調客觀的內在交錯性、眞實性；強調精神的能
> 動性、自發性、創造性；啓示發展的辯證性，必然性。新的寫實主
> 義是自然主義的客觀認識面與浪漫主義的個性，感情的積極面之綜
> 合和提高。它是由最小到最大，由縱到橫，由最低到最高，由民族
> 到世界，在創作方法上的前提。它攝取地繼承遺產，它又獨創地開
> 擴創造。〔註52〕

在這裡，雷石楡再一次補充了「特殊性」轉換的不足，也同時將「一般性」
給問題化，他認爲在「一般性」的社會文化中必須把握其「各階層的典型」、
「強調內在的交錯性」，讓「一般性」與「特殊性」的轉化可以從橫向的融合
深入到縱向的接觸，使得最小到最大、最低到最高都可以不斷地被探索與被
理解。其實，這都是面對著國府初期強制且單一的文化現象，而企圖進一步
解開的深刻思索。陳映眞就曾在〈一場被遮斷的文學論爭〉中指出，這一場
「台灣新文學」論爭的動力，是在探索台灣二戰後政治、社會受到的緊張與
壓迫，並且嚐試經由台灣文學的歷史脈絡，再次梳理台灣文化內部的矛盾與
衝突；其展現的，不僅是台灣左翼的創作實踐的深度，更展現其兩岸文化相
互交流與內在聯繫的緊密關係。〔註53〕而施淑更在〈台灣社會主義文藝理論

〔註52〕雷石楡，〈台灣新文學創作方法問題〉，《橋》副刊，1948.5.31。

〔註53〕石家駒（陳映眞），〈一場被遮斷的文學論爭〉，《噤啞的爭論》，台北：人間出
版社，1999.9，頁 14～31；許詩宣就更曾在《戰後初期（1945.8～1949.12）
台灣文學的重建──以〈台灣新生報〉「橋」副刊爲主要探討對象》的碩士論
文中，以文學史的角度清楚的鋪陳了《橋》副刊上所爭論的史料，具體呈現
當時本省人與外省人對於台灣文學重建的共識與歧見之間的溝通。（許詩萱，
《戰後初期台灣文學的重建──以《台灣新生報》「橋」副刊爲主要探討對
象》，中興大學碩士論文，1999.7.13）；而蔡淑滿在《戰後初期台北的文學活

的再出發──新生報《橋》副刊的文藝論爭（1947～1948）〉一文中強調，「……
質疑台灣新文學的正當性……都顯示在它的內里，確實有令反對者畏懼不安
的新生力量存在。因此，不論是違逆文學正統也好，老調重談也好，這股由
台灣本地和大陸來台文藝人士共同提出的文學要求的出現，正表明了台灣與
大陸文學的內在關聯，彰顯了光復初期困厄的現實下，敢於面對社會真相者，
對於台灣的也是中國的歷史發展的嚴肅思考。」〔註54〕這種思考所展現的包
容與開放甚至是誠摯的邀請，就如同主編歌雷在〈刊前序語〉中曾說明《橋》
所代表的是：

> 橋象徵新舊交替，橋象徵從陌生到友誼，橋象徵一個新天地，橋象
> 徵一個展開的新世紀。〔註55〕

參、研究問題與章節安排

經由前文施淑論點的啓發，我注意到了從一種文化「內里」出發，我們
可以看到各種深刻思考的可能。這也就是說，藉著「中國化」與「去奴化」
的文化焦慮介入，我們清晰的遇見了文化動力場上的雙重力量：一方面在主
權意識的引導之下，「中國化」不僅執行著權力收編與排除的姿態，它更導致
了文化社會立即的對立，以致於在文化場域中不得不再次使用大量政治力量
的介入，鞏固其文化意義的圓滿。但另一方面，值得深思的是──究竟什麼
是「文化」的「內里」？「文化」的「內里」，即是一種能持續「反省」的能
量。意義的豐富性，並不經由任何賦予的過程來完成，而是要能解開各種封
閉性的力道，打開其意義可以發生的空間。故此，藉由文化可能性的探問出
發，我想要再一次提出我的觀察：也就是說，國府初期「奴化與中國化」以
及「一般與特殊性」兩種論述爭論，其展現的文化焦慮，正是面對著某種「中
國化」主權僵硬固執的姿態，所不斷翻轉甚至是辯證的思考。尤其是，在國

動研究》的論文中，更進一步就台灣戰後的文學活動爲分析對象，而指出此
時省內外的作家都在此園地進行文學創作與批評，且省內外作家未因語言的
隔閡而減少開闢台灣新文學的熱情，《橋》副刊上展現的是彼此雙方懇切攜手
合作的誠意。（蔡淑滿，《戰後初期台北的文學活動研究》，中央大學碩士論文，
民91.5.29）。

〔註54〕施淑，〈台灣社會主義文藝理論的再出發──新生報《橋》副刊的文藝論爭
（1947～1948）〉，《世界華文文學論壇》第四期，江蘇省社會科學院，2000.4，
頁20。

〔註55〕歌雷，〈刊前序語〉，《橋》副刊1947.8.1。

府主權強力意志的作用下，「中國化與奴化」、「國民性」、「主權趨同的執行」
或是「國語運動」不僅是發揮了主權治理性的潛式（potentiality），它更進一
步將台灣異質的文化特性一再地排除或是消抹。但是，正如我們前面所展開
的兩種文化動態，就在國家以主權的姿態積極涉入的同時，我們也看到了在
台灣省內外的文人面對著強力且壓迫性「中國化」論述時，也不斷地企圖藉
著「五四」運動的詮釋、文藝活動的介入，更甚是重新彼此表達（articulate），
來豐富、轉化對於文化「一般性與特殊性」的想像。因此，如何面對主權需
要的「中國化」、如何面對本質主權操作下「中國化」所立即呈現的迫害與對
立，而再一次面對「文化」深層的「內里」，重新探問其文化「主權」的可能
性，將是本文所欲探問的起點。這也是我在 1945～1949 面對文化與社會場域
中，所執行的「主權」樣態，反覆、往來的思索。

　　就歷史資料運用上，本論文主要集中在兩大部分：報紙副刊方面以新生
報《橋》副刊等微縮資料為主，並兼合採納當時的民間報紙、雜誌，例如：「中
華日報」、「人民導報」、「民報」、「台灣文化」、「政經報」、「新台灣」等作為
討論的對象。在官方資料的運用上，則以現存文獻與政府公報為主要對象，
包括行政長官公署公報、行政長官宣傳處或新聞處等資料。希望藉由一手資
料的論述重現當時的社會景緻，以了解當時社會動力的虛實與思想動力的轉
向。

　　本章呈現我在光復初期文化論述中所觀察到的文化動力形式，與歷史動
態的問題。透過本章問題的開展，為了處理文化內部的主權思索，本論文在
第二章〈主權的邏輯形式〉將藉由巴岱伊（Bataille）、阿岡本（Agamben）與
儂曦（Nancy）的閱讀，討論關於主權意志、主權操作與主權之於共同體的方
法論及認識論上的態度，並且進一步提問主權意志與修辭如何限制了文化想
像的可能，同時也希望透過不同開放的取徑涉入與閱讀，重新思索文化內部
對於主權之於文化共同體想像開放的可能性。而第三章〈主權的擱置──虛
構「奴化與中國化」〉則將進入光復初期的歷史軸線，接續著對於主權意志與
操作的思索，透過「奴化與中國化」的論述的涉入，重新回溯 1945～1949 年
間對於：（一）、「奴化」與「中國化」論述的操作；（二）、有關文化政策、思
想教育與身體管理；（三）、有關「國語」的論述，並企圖揭露「去奴化：中
國化」本質上的悖論，進而透過「中國化」所引領出的「奴化」、「中國化」
甚是「國民性」論述的探索，重新思考在主權意識下規格化的主權衝動如何

造成對台灣文化另一次擱置與漠視的壓迫動力。第四章〈特殊性與一般性──被湮滅的想像《橋》的台灣新文學運動〉則企圖從二二八事件後《橋》、《中華日報》等周邊文化刊物對於「一般性與特殊性」的論述中，重新探索文化詮釋的可能樣態，進而得以理解「主權」之於文化共同體，如何在多方觸碰與探問下展現出更多豐富、多元的姿態與面貌。因此，在此章節中將透過文化史的角度，藉著重新閱讀台灣文學的歷史條件與論述脈絡所觀察到的現象，再次介入《橋》副刊、《中華日報》後期對於台灣新文學運動的討論，這裡的論點將經由：（一）、五四精神重新的探索；（二）文藝戰線的想像；（三）特殊性與一般性相互連結的辯證間彼此展開，以企圖呈現在國民黨高壓政府之下的另一種文化可能性的想像。最後一章〈結論──思索「我們」的故事〉將再次總結我在光復初期所意識到雙向文化動態，並再一次反身於這樣的思索，來討論「主權」做為一種不斷探問與思索的可能性。而這裡將透過：（一）、思索主權──翻轉與開放的認識；（二）、探問我們──另一次思索「分‧享」與共同的可能；（三）、《橋》的隱喻──思索主權與polis的可能來重新思索文化與「主權」間在台灣發聲與不斷發生的可能性。

　　本研究，就是我透過台灣1945～1949年的文化動態，所進行的探索。面對當時台灣文化在狹隘認識下造成的文化閹割，我企圖思索：究竟是什麼意志形塑了文化的孑然對立？又是怎樣的問題，貫徹且導致了文化自身的防衛與緊張？但這些姿態，難道沒有鬆解、對話、或是發生可能性的探問與書寫嗎？

第二章　主權的邏輯形式
——一般性與特殊性的認識介入

　　從前章討論的細縫處著手，我們可以發現各方的論述無不環繞著疆界劃定的方式展開，以劃定疆域完成文化自我設定，甚至，就是藉著國家意志與主權介入，使文化的樣貌被壟斷地切割。此一運作模式，在戰後初期國府對台灣政治動員的過程中，更積極的被突顯出來。但值得注意的是，國府對於文化疆界的設定除了顯露著就各種文化控管的野心之外，同時也暗示在疆界設定的手勢下，主權想完成一種收編領域與固定範疇的認識。亦言之，戰後初期「奴化」與「中國化」的論述立場，或是「一般」與「特殊性」的爭論差距，其間不但標示主權圖騰的歷史軸線，更標示著社會文化認識主體（epistemic subject）的邊境。1945～1949 年間，台灣正面臨殖民主權撤守與國府主權接收的過渡時期，主權的轉換勢必影響整個社會文化對於自身的認識，而在此期間它如何以「奴化與中國化」及「一般與特殊性」的主權矛盾，挪移社會文化中各種疆域的修辭、企圖鞏固主權自身的位置，則是我們必須檢討的工作。故此，本章將藉由主權的閱讀涉入，以便往後可以展開「奴化與中國化：一般與特殊性」間的討論。

　　其實，國家主權和「奴化與中國化：一般與特殊性」論述間的互動，及其《橋》副刊周邊所維繫的文化樣態，它所向我們呈現的正是 1947 年之前奴化論述與中國化之間的執行，以及二二八（1947 年）之後，知識份子重新思考「主權」在「奴化與中國化：一般與特殊性」的複雜動態，和可能性之間的關係。

　　從這個意義進入，我們清楚地意識到「奴化與中國化：一般與特殊性」的主權詮釋，是持續在國府初期的文化社會中發酵，而這文化動力的背後究竟意味什麼？或許，就讓我們從巴岱伊（Bataille）與阿岡本（Agamben）的思考，進入這樣的討論。巴岱伊曾說：超越功利的生活是主權的領域。Life beyond utility is the domain of sovereignty（Bataille，1998：198）而阿岡本則引用施密特（Schmitt）的話指出：主權者就是決定例外狀態之人。Sovereign is he who decides on the state of exception.（Agamben，1998：1）在這兩個層次上，巴岱伊與阿岡本的說法都指向了主權本身的矛盾，也就是說，主權究竟是一種超越功利的邏輯形式？還是制定限制的邏輯本身？或者說主權意味的究竟是一種限制、區分與擱置的擴張？還是說主權本身就應該是一種非功利的形式、非操作的邏輯？而這種脫逸功利領域的軸線又該怎樣聯繫？如何展開？我們又如何從主權擱置的現實處境下思考「主權」超越功利、效益的可能？這樣的思考如何不被一種法、方式、計畫所限禁？又如何使「主權」的概念轉化爲一種能動、聯繫與分享的可能性？

　　無法否認，在1945～1949國府接收期間，政府不但藉著國民性的模塑抹滅台灣的特殊性歷史，更將文化的塗銷視爲主權能達成統一的成效。而觀察當代主權背後推動的能量，巴岱伊就曾指出並嚴厲批判效益邏輯，所形構的主權關係。他認爲，這樣的效益邏輯使「榮譽」和「責任」被營利的興趣僞善地利用，而由此衍生的所謂「精神」，就服務於掩飾人們接受封閉系統智識上的混亂。（Bataille，1985：116）而阿岡本更進一步將這效益邏輯的概念，轉換至法與主權的關係形式再一次深入的討論，他認爲，事實上「主權的弔詭」是它同時內在也外在於法的規則，更重要的是：主權擁有合法的權力去擱置法，合法地將自我擺置於法之外。這意味著，那主權的悖論能以這樣的方式被操作（formulated）：「法，外在於自己」，或是，「主權，外在於法，並宣告在法之外一無所有。」（Agamben，1998:15）就在這種作用下，以效益概念所維持的主權形式，不但將文化的樣貌引進另一個封閉的領域，更使得文化藉著區分邏輯（例如：中國化／奴化）相互對立起來，導致文化進一步被區隔化與純化，而失去轉開討論的視野。也就是說，此一文化的操作早被視爲主權過程中的固定額份（Share），這種額份不但隱含著主權界定的能力，更意味著在界定固定額份的同時也執行著壟斷的規則，並以確立規則來抵銷文化中所存在的差異性。

　　所以，把這樣的提問擺置在國府初期的文化社會中，其目的在於希望藉批判及觀察「奴化與中國化：一般與特殊性」背後由主權效益驅動擱置力道所產生的矛盾，重新思考文化與主權之間的相互關係，提出對主權的質疑與反省。但是我們又該如何從歷史的角度，去理解、閱讀主權概念及修辭，所限制的文化想像與生活樣態呢？而這樣的閱讀又該怎樣開始？如何發生？也就是在提問主權的同時，所牽涉的就是我們該如何去認識主權的問題，這也是對於主權概念首要的提問，接下來我將首先進入我的方法論之後，再進一步展開我的討論。

壹、主權知識的閱讀

　　吉拉爾（Rene Girard）曾藉神話的閱讀，描述清潔與乾淨的社會其實是一種自我表述，顯示一種替罪羊式的迫害機制，他指出，「迫害者的心理狀態引起某種幻想，這種幻想的痕跡在文本中與其說否定，還不如說是肯定某種事件──迫害本身、處死巫師──的存在。」（Rene Girard，2002：14）此處，拉吉爾相當狡捷地將歷史閱讀導引進逆向的意涵，藉著逆向的閱讀將神話主動呈現的知識再一次懸置，而使我們可以重新理解迫害機制如何在神話中洩露與執行。相關於這質問，傅科（Foucault）則將這種欲望，以主權（權力）的「知識型」（episteme）具體地呈現出來。他認為，知識型作用在歷史的結構上，反映出權力行使的姿態，它更在一個給定時期，統一引發那些認識體系（epistemological figure）、科學和可能形式化系統（formalized system）論述實踐（discursive practices）的關係總體集合（total set）。（Foucault，1971：191）

　　在這裡，我藉著拉吉爾與傅科的閱讀，獲得了一個有趣的理解線索，我們可以發現認識往往受到知識型結構的牽制，進而使得主權（權力）所執行的「幻想」與「否定」，逐漸凝聚為一個總體的認識結構。但是，如果我們進一步將這種總體結構問題化，我們可以發現知識型，它意味的不是知識的形式，或是合理性的類型，它所體現的是某一個主體、某種思想、某一個時代的至高單位，它不僅閃耀著主體行使「幻想」與「否定」的軌跡，更隱藏了在通往這種知識結構中各種被制定和操作的門檻。這些門檻，可能相互重合、相互從屬、或是因某種需要而轉移分離，但是它卻徵召某些各種體系間的認識，展演出特別的單一姿態。因此，從主權的認識出發，我們不但能夠以逆向的閱讀進入主權自我的表述，更可以進一步的深究主權知識所展演的各種

縫隙與連結。也就是說，我將從主權催迫於總體的狀態出發，再次經由「呈現」來思考被「隱晦」以及被否定的面向。

我們無法否認，「思考」在「隱晦」那裡總搖曳著慣性的陰影，各種討論的差異也因「隱晦」的「思考」慣性而被逼退與遮掩，「隱晦」似乎不會因為提問而自我顯露，尤其，當「呈現」固著地深埋在歷史的論述當中時，它的距離跟我們過於親密、過於具體，進而使我們反覆墜入顯露／偽裝、隱蔽／揭示、遺忘與記住的泥濘當中。海德格（Heidegger）就曾經語帶諷刺地說，其實「人早已不斷精緻巧妙地在思了，甚至已思到最深處去了」，（Heidegger，1993：371）只不過這思只是慣性的作用使然，它並沒有意識到思與知識呈現間本質反覆的操作與增殖，因此海德格進一步指出，這樣的計算不但使得「應思的東西退避三舍」，更讓「人們直至今日那種思壓根沒有去思。」（Heidegger，1993：371）所以，他認為「我們尚未思絕不是由於人們沒有足夠地轉向那個出於自身渴求被思的東西。毋寧說，我們尚未思是由於那個應被思的東西從人那裡扭身而去，並徜徉遠遁甚久。」（Heidegger，1993：370）在這裡，海德格具體指出了思與扭身而去之間的關係，他深刻的理解知識——包括最為深沉的知識，除非作為一種特意計畫的努力，或是某種有助於目的運作的結果，否則永遠不會向我們充分的呈現。但是，這樣的思也僅是一種算計，它藉著知識給予的「座架」逼索著效益的痕跡，它使得各種對思的理解，在結構性的操作中躍昇進入「座架」，而形構了總體的認識模式。（Heidegger，1977：302）這樣的模式，不但形構著隱晦、形構著扭身的姿態，它更形構著對於歷史認識的遮蔽，一種對於必須記住——遺忘的召喚。因此，海德格認為思考的可能性就在於「嘗試與這個時代正在自行完成的形而上學的隱蔽立場做一種本質性的爭辯，以便把我們自己的歷史從歷史學和世界觀的蒙蔽中解放出來。」（Heidegger，1977：93）

面對這種自身完成的認識模式，巴岱伊就曾經提出犀利的批判，他認為這種知識在軌道上錯誤的進行方向，不但導致存在和思想的主權原則，更使得對於歷史的認識屈從於某種預料的結果、思想完全被奴役，不再擁有主權，相反的，非知（non-knowledge）才擁有主權。（Bataille，1985：308）在這裡，巴岱伊更企圖再一次瓦解本質上——「自己歷史」的宣稱，他希望藉著非知的方式以撼動被形塑的認識結構。巴岱伊藉由笑的隱喻，探討認識主權的問題，他說，

　　笑或哭眞正的目的是抑制思想，使所有的知識遠離我們。笑與哭在
　　它們心理形成思想的眞空爆發。而這些時刻，像詩歌、音樂、性愛、
　　舞蹈的那些極富節奏的律動那樣，具有捕捉和不斷地再捕捉那個重
　　要的時刻，那個斷裂、分裂時刻的能力。我們彷彿在試圖捉住那個
　　時刻，試圖在不斷重複的笑或抽噎的喘息中凝固住它。在一系列實
　　用的活動中，這神奇的時刻使我們脫離我們匍匐其上的大地期望化
　　爲空無（Nothing）。（Bataille，1998：305）

在這裡巴岱伊將哭與笑對應到了思想消失的那一刻，那一刻或許是主權認識
想要滲入的目的，但也只有到了消失的那一刻，認識的作用、主權的滲入才
會停止。以瞬間的方式來重新認識，巴岱伊藉著將知識懸置、知識遠離的方
式再一次介入，他期望這樣認識可以在一次又一次斷開的瞬間被活化，進而
形成能動的韻律，反覆挑戰認識結構的限制。正是在韻律的活動下，巴岱伊
重新思考海德格扭身而去的那「物」，他企圖告訴我們：其實涉入就意味離開，
哭與笑並不必然與思想、知識二元對立，而是思在過程中，被目的抑制，所
以才需要哭與笑抽抽噎噎的中斷，使各種知識的作用不再拘泥於一種方向、
一組原則。此過程，就是巴岱伊強調的「無」（nothing）；「無」所代表的並非
一無所有，而是不固著一種先定的概念，它藉著一種抽空反覆的樣態不斷重
整自我的認識，讓思想得以不斷懸置、反覆爆發，並且適當地進行運作直到
各種效益化爲空無，也唯有它思不再佔有，或是不屈從，也就是它不在是的
情況下，它便擁有主權。（Bataille，1998：306）

　　從這裡展開，不難發現在主權提問的過程，往往會陷溺進一種方便而
有利的方式，進而侷限了自我提問的可能性。尤其，歷史材料的呈現都隱
含著自身隱匿的立場，而這些立場，不但有著自身背後權力「座架」的逼
索，更有著經由「逼索」所啓動的單向認識軌跡，是故提問主權的目的並
不是期待討論權力制度的合法性，而是必須瞭解如果無視主權可能形成一
種均質的滲透概念，那我們就會遺漏主體位置如何重複依循時代結構這一
問題，反將主權形式的正當性，統一在一組「先驗概念」的結構之中。因
此，懸置、轉開自我固定的認識架構，其目的不僅只是「懸置」，而是經懸
置再去認識，在懸置的過程中交出單一大寫的自我，如此才有可能與歷史
材料中的他者（others）交會，使不同的認識框架交錯出現，展現差異觀點，
重新理解國府來台初期對於主權討論的各種問題。海德格就曾說，唯有放

棄宣稱、放棄擁有，在「詞語崩解處，一個「存有」才會出現」。（Heidegger 孫中興譯，1993：187）他說「詩人學會棄絕是要棄絕他從前所抱的關於詞與物的關係看法」，放棄一種被限定的框架，才有不斷追問的可能。（Heidegger 孫中興譯，1993：139）但是，海德格也深刻理解本質上的提問並不足以成為棄絕的動力，因此他說「追問不是思本真的姿態，而是對那個將要進入問題之中的東西的允諾的傾聽」。（Heidegger 孫中興譯，1993：145）此處，我隱約發現傾聽就意味著棄絕，傾聽它意味著放下了各種認識、離開了一切認識的「座架」，以致於讓各種聲音（idle talk）、語言可以顯露，消解單一理解的認識途徑。針對這樣的傾聽，巴岱伊再一次藉著非知（non-knowledge）來理解，他認為在非知的認識中可以不斷地拋開自我（ipse），拋開主體與客體相互規定的慣性模式，從而「使自己意識到他者」（making itself consciousness of others）（Bataille，1998：85～90），但這意識並非毀滅所有認識自身，而是從被隱蔽（tomb）的深處，「解放他內部的存在」（I only do it for others！）。（Bataille，1998：90）

　　顯然，這主權懸置的提問，並不是指涉著對於主權客觀合法性的提問，提問本身即是一種主觀的涉入，它藉著提問主權當中「他內部的存在」轉身進入主權被挪用、岔開的那一瞬間，反覆思索主權如何在歷史的過程裡被給定、被擺置，又如何擺置在一個總體的認識結構當中，自我又怎樣不斷地增殖衍生。伽達默爾（Gadamer）就認為海德格藉著德國唯心主義的反思概念出發，將懸置、離開的關係置放在存在與人原始交往的關係表現上。（Gadamer 鄧慶安譯，2002：209～211）因此，所謂的懸置、離開，其實也就意味著涉入、聯繫。也就是說，通過我們把自己置入他人的處境，他人的性質，這樣他人不可解消的個性才能被意識到。所以，懸置必須已經具有一種視域，沒有自己主觀位置的人，也僅能一再將自我置入歷史而試圖建構歷史的視域，但這樣的做法，卻是一再拋棄我們自身有效和可理解的真理這一要求，並也一再將歷史中他者的異己性消化為客觀的認識對象，進而終止了對話的可能性。（Gadamer 洪漢鼎譯，1993：396～399）在這裡，可以發現就主權懸置的提問，本身便代表著主觀地對一種我們關係的探問，藉著探問主權所執行的動力機制，進而去了解這樣的動力如何迫切地隱匿我們的歷史（our time）。但是什麼又是我們的歷史呢？我們的歷史又意味著什麼呢？伽達默爾（Gadamer）就有意識地表示，說我們（we）

不是客觀地將他（others）化約到一種公約數的認識；說我們也不是從我的認識將他給吸收融化，（Gadamer 洪漢鼎譯，1993：371）說我們是承認人存在的歷史性，理解人如果想要從這種歷史中追求一個可靠的知識，就必須面對我的有限性（finite），而不是一昧地以一種超越的立場來抹殺人的有限性。因此，人的有限性，正是人所憑藉的。存在（ek-sistence）與存在（in-sistence），事實上也必須從人的此在（Dasein）的觀點來掌握。（Gadamer 鄧慶安譯，2002：209）人也正是從此處（here）出發，所以有限性不但不是一種「偏見」，但卻是一種「先在」，是一次自我從自身有限性出發所獲得的「視域」，一種與他攀談對話的關係。（Gadamer 洪漢鼎譯，1993：391～392）

　　所以，這種攀談關係並非是一種唯心的角度出發的主觀位置，更不憑藉著抽身的姿態所產生的對話互動，相反地，它是在自身的侷限之處受到困惑，意識到自身認識的底限，進而重新調整自我的認識位置，並不斷與這樣的底限相互對話與攀談。因此，我們的歷史從來就不是一種客觀的知識，它是從我在歷史的侷限中所觸發的提問關係，也唯有藉著這種主觀提問，我們才能與他（others）對話。就主權的探問，正是藉著國府初期的主觀姿態中切入，去探問在「奴化與中國化：一般與特殊性」兩組悖反論述之間主權所行使的邏輯型式，去質疑這樣的邏輯型式如何不斷在歷史的輪迴中相互展演、反覆鋪陳，並且再一次企圖去鬆動各種對於主權型式的僵硬認識，耙梳國府初期台灣如何在「奴化與中國化：一般與特殊性」的軸理之間產生硬化的思考狀態。反覆回到被主權意志、或是主權概念所切割的起點，我們所處理的工作是要重新探問在主權意志，以及主權概念週遭喋喋不休的同質化術語，而透過提問、攀談，為的是能不斷地認識在我們當中被遮蔽的另一個他與我的歷史經驗。

　　在這裡我再一次討論了我對於主權閱讀的涉入方式，而面對主權邏輯，回到歷史與文化中，我所要深究的不僅是一般與特殊性之間的區辨形式，更是要從這種區辨形式指出一種效益的執行關係，並從這執行關係去理解主權邏輯本質上的限制。因此，從這種角度閱讀主權，不但是向主權概念進行提問，更是企圖深入探究主權意志如何完成自身，從而就鑲嵌於時代話語的主權徵狀提出問題。

貳、主權的潛勢（potentiality）

　　前面我企圖提出我的方法論：如何藉閱讀歷史表象，認識歷史進程背後在主權意志與主權概念操縱下所洩露的弔詭。以下，我將再一次藉著主權本身動態的矛盾作為認識的途徑，進一步討論主權如何在雙重的動力潛勢中完成自身。

　　巴岱伊曾意味深長的解釋所謂的主權意指：超越功利的生活是主權的領域。Life beyond utility is the domain of sovereignty.（Bataille，1998：198）此處，巴岱伊藉著超越（beyond）與效用（utility）的辯證來理解主權的關係，而所謂的效用其實意味著一種社會同質化的價值型態，巴岱伊認為效用的邏輯形式不但形構著整個社會的總體價值，更使得人的主權關係從自身關係中異化出來，陷落進一種奴隸的狀態中。（Batsille，1998：122～124）巴岱伊藉著古代獻祭儀式的譬喻，解釋現代社會以非常武斷的方式——一種毫不偏頗且嚴格理性地信條方式——竭盡全力、歷經千辛萬苦，使獻祭服務於制約行動的法律，而這些法律，就是他們自己必須服從，努力使自己服從於法律。（Bataille，1998：291～292）這裡，順著巴岱伊的思考，可以發現所謂的「主權」並不發生在功利的範疇之內，它必須超越效益與同質。但是，為何要超越？超越，或許我們首先可以把握為某種「關係」，它是「從」某物「到」某物的關係，而在最後某種東西被超越了，因此，這樣的超越首先不能以簡單尋求決斷的超越來加以探討，而是要從超越的此處——人之此在處來反覆探討。所以，超越暗示著主權形式與功利效益本身的沾粘，而這樣的沾粘不但驅動著自為的主權形式，也同時暗示著另一種藉由效益所中介的「變質」關係。而這種「變質」的主權關係又如何發生？就效益而言，任何轉換的關係形式基本上都是服從了投入的手段與產出的目的，也就是說，這種變形的主權基本上它是先確立效益為一種投入的手段，進而達成生產同質主權的目的。因此，如果我們將效益視為一種手段，那我們就不難發現這種沾粘所依據的標準。這個標準切入的問題是，如何經由效益的手段維持一種同質、或非同質的目的。在這樣的問題上，它也根本上隱含著以同質為目的的制度。但僅是如此嗎？因為，就制度的假設看來，它便除去了一切的疑點，那麼它所包含的似乎就不再是作為衡量效益本身的標準，而是衡量效益如何使用的標準。儘管，制度仍是原則上的趨同形式，而它能否成為解釋同質化效果的分析框架，卻還是一個懸而未決的問題。不過，在這裡巴岱伊卻讓我們發現效益本身的悖論：也就是，如果效益真可以成就主權，那麼在效益之處它就已經辨別自身，根本無須考慮所需要達到的目的。

　　但是，爲了效益而投入主權時，最大的問題莫過於個人看到它具有「利益」，進而轉動自己的身體朝著所期望的目標運動。就在這種朝向的運動過程中，巴岱伊敏銳的鑑別出一種雙重動力交相的運作。他認爲，當這樣的目標被辨識成一種外在的軀體（foreign body）時，它便會通過一次殘忍的決裂朝向這種同質的作用，但此同時，被驅逐出的那些東西也會通過一種特別的欲望，而再度被吸收。（Bataille，1998：291～292）因此，在同質性的朝向過程中，首先運動的是一種內在分裂的異質排泄作用，藉著這種排泄作用，使得佔有行爲通過相對具有約定意義的同一性（identity）能發生。（Bataille，1998：151）這也就是說，在追求同一性的過程裡，主權成爲對效益理解的產物，它彷彿是一種材料，藉著某種自身排除的運動手段而完成自我歸位的形式產品，同時也導致決然與朝向同質性回溯的相反行爲。（Bataille，1998：151～155）依據這樣的假設，主權不但可以視爲一種同質佔有的象徵體系，它更可以視爲是一種在排泄階段裡自居的那物（the thing），從主權開始，它確立的是效益關係所發展的連結作用，而人更藉著這種連結作用展開趨向性的同質欲望。不過這樣的階段，最早啓動的是排除與佔有的區分過程，值得注意的是主權本身並無法否定排除與佔有的本質暴力，相反地，主權本身的效益性更是在排除與佔有的相互運動下被確立出來。因此，我們似乎可以在這裡獲得一種有趣的悖論：在主權之下，同質的目的可以藉著效益的手段而獲得，效益的手段更可以經由同質的目的而確保。參雜著同樣的邏輯，我們更可以推進一步的說：佔有的目的可以藉由排除的手段而獲得，而排除手段更是經由佔有的效益而確保。

　　但是，巴岱伊在深刻思考主權的過程中，他並沒有悄然的放下主權形構的悖論機制，他反而更進一步藉著主權的涉入，探問在獻祭儀式中對於生命「主權」的否定意志。對此，巴岱伊就透過毛斯（Mauss）夸富宴的研究，進行他對主權交換模式的討論。與毛斯不同的地方在於，巴岱伊企圖將夸富宴視爲一種耗費的交換邏輯，他認爲夸富宴與保存的原則相對立，當夸富宴執行獻祭的贈禮（gift）時，它所摧毀的正是財富的穩定性——超越效益。（Bataille，1998：174）巴岱伊就曾說，「缺失原則，也即是，無條件性的耗費原則，無論它和權衡利弊的經濟原則（耗費有規則性地被攫取所補償）是多麼地對立，它都可以通過從普通經驗而來的少量例子得到說明。」（Bataille，1998：169）而這是由於，隨後巴岱伊立即發現這種浪擲的經濟邏輯，不足以

解消主權本質上的悖論。因為，夸富宴的競賽者絕不會從這種遊戲中、從他們創造的財富中退出，他們依憑的仍然是一種需求（need），只不過這種需求，經由物質型態的持存（possess）變異為無限喪失的價值需求（need）。就在這種喪失（loss）過程中，它不但驅動人們的身體依照自我的需求不斷生產，更使這價值需求滲透在社會之中，而成為普遍的存在。（Bataille，1998：174）更甚，就是潛入到道德的獻祭律令之中，進而自身完成了缺失與耗費完滿的背叛，他說：「在獻祭（Sacrifice）這個詞的詞源學的意義上，它指的是神聖祭品。從一開始，神聖物品似乎就是由缺失活動構成的：尤其是，基督教的成功可以通過耶穌基督在十字架上被恥辱地釘死這一主題的價值得到解釋，這一主題使人擔心某種缺失的表象物和無限的墮落。」（Bataille，1998：170）

在這裡，巴岱伊就驚人誇富宴所描述出的象徵形式，尤其是在耗損、毀壞、浪擲所達到非生產性的駭人高潮背後，為文化社會交錯的症狀姿態展示出一種固著化的浪擲系統。而這浪擲系統的抽象程度並不比效用的苛刻性少一點或是多一點，它恰恰以某種缺失性的邏輯首尾交聯。此處，我得再一次強調巴岱伊指出的，「財富決不是要讓其所有者喪失需求，相反，它的功能仍舊是——同其所有者一樣——聽憑一種需求：無限缺失的需求。」（Bataille，1998：174）其實，巴岱伊精明的洞察了在其效用與耗費中「缺失」所貫穿的主題，他闡明了在表象內自我凹陷的複製，不但可以藉由任何型態表現出來，更可以進一步遮掩主權自身需求的欲望位置。易言之，這裡巴岱伊所提出的是主權認識結構背後所隱含的生產性動力，也就「缺失」的普遍經濟原則；尤其是，忽視此主權結構生產性的推進力道，只有一個可能的結局：「那些致力於消除人性的缺失」，（Bataille，1998：179）便就是遺忘了「獻祭在實踐過程中普遍存在的事實」。（Bataille，1998：287）在這裡，我又一次驚覺這樣的「缺失」貫穿於「效用」與「耗費」之中，它不但推展著獻祭制度的組織化，更進一步的有效地被接枝在個人對於自身主權的認識之上，而這樣的普遍實踐不但使得自我的生命被異化，它更使得異化的生命被強而有力地組織為一種效益的認識價值。在巴岱伊的描寫中，我逐漸意識到他企圖勾勒出現代社會的普遍場景。他認為所謂的獻祭，並不單純意味著獻祭者轉變為毫無認同與意義的那物（thing）。相對地，在高度活動組織與前置欲望的作用下，巴岱伊發現「缺失」（loss）穿透了整個文化社會欲望結構的分配，這分配不但構築著個人在社會中各種的額份（share），也使得獻祭成為一種文化產製，且有

效的突顯了整個社會文化對於社會個人一連串的總體化的過程，並讓整個社會被架構在扭曲的欲望與執行耗費的驅力之上，而獻祭也僅不過是洩露了主權是近代社會刺目與瞻妄超額的源頭。

　　回到國府初期主權的探問中，就不難發現國府所執行的奴化與中國化的文化論述，基本上充斥著主權效益的姿態，尤其當國府以「中國化」的政治形式涉入時，基本上這樣的主權關係早就已經預設著一種標定的目的取向，也就是說，所謂的主權關係是確定在中國的價值意義系統之中。因此，依此邏輯而置換的文化空間，基本上也就陷溺於效益交換的悖論之中，而這樣的悖論更引領著缺失的原則相互交媾。就當中國化論述充填主權的實質內涵時，它所表徵的不僅是政治對文化同質的效用邏輯，也不僅是空洞的收編系統，卻是在主權效用結構下與政治缺失原則下所鋪陳出來的意識型態，但也就是經由這種意識形態的作用，使得整個政府結構與主權意識得以在抽象的慣性意識中被神秘且小心翼翼維繫。但這樣的「缺失」既演作，又隱沒；它載入耗費烘托效用，更融入效用以構連耗費，還由此雙向的運作下產生「主權」的兌換。對此，阿岡本面對巴岱伊的提問，則意猶未盡地深化了巴岱伊對於主權的思考，他認為「神聖（sacredness）仍然是一條表現於當代政治的途徑（a line of flight），就本身而論，那是一條進入持續擴展與黑暗領域的途徑。」（Agamben，1998：114～115）因此，阿岡本經由施密特的角度再一次將主權確立為：主權者就是決定例外狀態之人。Sovereign is he who decides on the state of exception.（Agamben，1998：11）然而，此處我發現阿岡本藉著例外（exception）來深化巴岱伊的缺失（loss），阿岡本謹慎地闡明巴岱伊以「缺失」將效用與耗費相互連結的同時，他所要引申的是 Homo sacer 是無法被獻祭（耗費）的（a life that may be kill but not sacrificed）。經由效用所執行的獻祭，它實現的不過是再一次使獻祭（sacer）的那物（the thing）以死（exception）的樣態繼續活下來。（Agamben，1998：114）

　　在這裡，阿岡本藉著整個獻祭過程的作用，來思考現代政治上執行主權的關係。阿岡本察覺巴岱伊對主權思想的限制，他認為巴岱伊以效益關係處理主權的過程裡，先於效益關係或非效益關係──這一組缺失（loss）原則的是：規則（rule）本質上先行的「擱置」（suspension）作用。也就是說，就算「無效」、「排泄」，它還是隱含了主權本身的擱置邏輯，即是以「例外」的姿態加以操演。（Agamben，2000：7）那什麼是「例外」呢？阿岡本說，「例外

就是一種扣除」，它是藉由扣除所表現的個體形式，但是這樣的扣除它與規則（rule）並非相關，相對地，被扣除的例外主要是在規則形式關係中被擱置（suspension）。規則的適用不在於應用中的例外，而是從中的棄置。（Agamben，1998：17～18）因此，例外不是從規則中扣除自身，而是規則自我擱置，提供例外，並進一步與例外保持關係，才首度使這種擱置的關係有如一般的規則。（Agamben，1998：18）所以，阿岡本意識到所謂的主權基本上就執行著這種「例外」，它使得棄置成爲「規格」，它提供一切擱置的有效性（valid）。在這裡，阿岡本企圖深化巴岱伊對於吸收與排泄的論點：從字源學來理解，例外（exception）並不是單純的排除，而是放在外面（taken outside/ *ex-capere*）。（Agamben，1998：18）例外——exception 可辨視爲 *ex-capere* 即透過排除（exclusion）而後被吸納（included），它是一種捕捉式的域外（captured outside），一種在法或是主權之下所捕獲／擱置的「例外」狀態。（Agamben，2000：40）因此，「例外」意味著經由主權所提供的擱置場域，一個可供排泄／排除的空間，讓排泄的「擱置」藉著執行規則而獲得本身的合法性。所以「例外」並非意味著無法歸類的那物，而是它本身就已經被歸類了——它是對於例外（他，others）的擱置。這也就說，阿岡本不但延續了巴岱伊對於主權與排泄關係間的思索，更進一步地將主權辨識爲一種提供排泄領域——一種非關係的關係，一種藉著非關係的張力（關係）所建立起的主權關係。而這種非關係的關係，不但使得排泄、禁閉、賤斥種種遮蔽的暴力能夠執行，它更因此可以在這主權的承認下合理的理解與認識。

從這樣的理解展開，阿岡本再一次嚴厲指出「主權命令」本身具有不成爲現實性的潛勢。（potentiality；亞里斯多德的 *dynamis*，其總是包含了不成爲現實性（actuality）的能力）（Agamben，1998：45）經過對於羅馬法的分析，阿岡本認爲在羅馬法的獻祭之人（Homo Sacer）中，暗示了法本身所具備的潛勢（potentiality）。根據阿岡本的解釋，拉丁字典中 Homo 意味著人，而 Sacer 則指了神聖的（holy）與獻祭（devoted for sacrifice）的意義，所以 Homo sacer 可以經由「神聖之人、獻祭之人」的意義加以理解，而阿岡本更具體的指出所謂的 Homo sacer 是「可能被處死之人，但未被獻祭之人」。[註1]（may be

---

〔註1〕 根據巴岱伊的說法：他認爲，獻祭之物 sacred thing 即是一種根本上的缺陷，而從擁有主權的觀點來看也是非常拙劣的虛構性東西，因爲不管怎樣獻祭之物最終具有某種功利性。（Bataille，1998：314）而 Rene Girard 則以爲「Sacer」

killed and yet not sacrificed）（Agamben，1998：8）但是，他同時也表示「神聖之人、獻祭之人」（Homo sacer）「雖然沒被允許被處死，但誰殺了它並不會遭到譴責。」（Agamben，1998：71）很明顯，殺之無罪的獻祭關係，實際上執行著主權特定的動力形式。對此，阿岡本再一次銜接語言命名的邏輯與主權命令的法律邏輯，他發現：

> 法律規則的效力（validity）並不與其對個案的適用一致，譬如，判決或是執行。相反地，規則必須，有如一般性的精確，其效力並不倚賴個案。在這裡法的範疇顯示出其與語言在本質上的親近性。如同一個現實言說（actual speech）的發生，一個語言之所以能獲得指稱（denote）部分現實的能力，也僅如同它也擁有不指稱（not-denoting）的意義（這就是，正如語言（*langue*）乃相對於話語（*parole*），一個字眼僅僅存在於其字面的一致性（lexical consistency）當中，而獨立於在論述中的具體使用），所以規則能夠指涉到個案只因為，在例外狀態中，其做為一個懸置所有現實指涉的純粹潛勢（pure potentiality），而具有的力量。（Agamben，1998：20）

此處，阿岡本將主權的法律邏輯轉換至語言結構的角度來認識。其實，就指稱的角度來觀察，我們不難發現，命名其實就意味著遮蔽，當我們說出意義的同時也不斷掩蓋了其他意義出現的可能。（Heidegger　孫中興譯，1993：11～12）在這樣的思考角度下，阿岡本靈巧地轉動了語言與法律的位置，他再一次解釋法如同語言一般，是一種召喚。法將意義召喚進來，同時也給它一個名，給它一個認識的結構、進入的場域，而與此同時法本身也獲得擱置其他意義出現的潛勢（potentiality）。所以，當法在說「它是」（it is）的同時也意味著「它不是」（it is not），也因此，主權本身所執行的不僅是一種內置的扣除（inclusive exclusion），它更經由宣稱的手段擱置了他（others）的發生。所以，「例外」本質上不起著獻祭的作用，而是成為被法所擱置的對象，「例外」沒有合法或是非法的問題，其本身是被意義所擱置的對象──他僅被如此認識。就此，扣除他（others）也就不意味著任何犯法的事實，而是再一次的暗示了主權本質上存在。還有什麼行動能夠比決定生死的獻祭更強而有力地重申主權本身執行的例外，然而，「例外」誠然維繫著與主權的關係，以「非

拉丁語意為神怪的，而法國人覺得用 handdicape（殘廢）來替代它似乎更為得體。（Rene Girard，2002：22）。

在」的承認相互聯繫；在它身上，我們並不直接察覺法律的標誌，它僅是被主權所漠視、擱置。但是，主權也是經由法本身的擱置，宣告了「例外」的不適用性，也讓他成為了主權擱置手段中所成就的「非我」對象，進而將其勾勒出了「例外」的狀態。主權握有生殺大權，同樣也促使自生自滅。主權對「例外」的撤除，實際上是印證其自身的圓滿性──「例外」展示主權的邊境，也展示位於撤除意義「核心」的「邊境」。

　　但是，這種擱置又使主權展示出怎樣的生命樣貌（form of life）呢？從這種擱置的角度出發，阿岡本藉著挖掘古代希臘人對於生命的理解，重新考察生命如何在現今政治化的過程中進入一種擱置的裸命（bare life）樣貌，他說，

> 古代的希臘人不僅只有一個詞彙來表現我們所稱的生命（life）這個字，他們使用兩種語義學與音位詞彙去區別：zoè 與 bios。（zoè 被理解為動物，人，或是諸神等所有現存簡單事實的一般生命存在，bios 則意指著特殊的單獨個人或是團體的生存方式或是形式。）在現代語彙中這種對反已經逐漸從辭典中消失了（而僅如同以 biology 生物學與 zoology 動物學被維持，而不再指向本質上的差異）；這種關係僅表明了無保證（naked）而被預定的共同元素，總是可能隔絕在各種生活的許多形式當中。（以它自身指示的神聖化比例不透明的增量）（Agamben，2000：3）

在這裡，阿岡本首先企圖解釋 zoè 與 bios 的區別，指出 bios 意味著一種人或團體的生活形式，而 zoè 則意味著原始動物的生命型態。現代人在使用生命（life）這個意義時，一昧的順應 bios──biology 存有形式狀態，卻遺忘了與生命貼近的是一種簡單的存有狀態──zoè。但是，此時阿岡本也驚覺這種脫離簡單存有的現代政治過程，不但進一步將人導引置入共同的生物元素中，更使得對這種就共同生命的價值意義不斷地滋長在各種型態的生命關係裡。也因此，阿岡本進一步的指認這種生命形式（form-of-life）使得生命無法從自己的形式中被區分，即意味著：在國家中什麼是生活的方式即是生命本身。（Agamben，2000：4）而政治權力，更如同我們所理解的，總是在藉著擱置生命的形式中鑄造自身，但相對於主權而言，生命（vita：life）並非法律規則上的概念，它指向的是簡單的生存事實、或是對於生命方式（way of life）的實踐（Agamben，2000：4～5）。甚至，可以這樣說，生物政治的產生源自於主權力量的活動，它讓生命於政治化的型態中起著被扣除的內置作用，更甚

允諾各種政治價值、判斷意識藉著政治化的手段滲透進個人的生命領域之中。（Agamben，1998：6～10）於是，個人──bare life 不再透過層層的社會聯繫來維繫主權的意識型態，而是主權長驅直入瓦解各種社會聯繫的關係，滲透到個人的生命形式，使個人生命得以被操演的與主權意識異口同聲。（Agamben，1998：90）從這樣的理解中，我發現阿岡本藉著主權的討論，將我們帶進了標準一致的慘白世界。在這個世界中，生命形式質樸的轉化為兩種意義，首先是宰制的主權力量，另一種則為被浸透的 bare life。更令人驚恐的是，在主權排列、觀察、干涉下，不是沒有任何人可以超越主權所賦予的意義位置，卻是每個人都可以依造主權所給出的分配而加以定位。這甚意味著，在被擱置而吸納的生命過程中，沒有什麼特別的純粹差異，有的僅是能預算而可被擱置的偏差。但也就是這種預算與偏差，讓主權再一次藉由棄置使個人（subject）得以臣屬（subjected）的姿態自我截肢，而披上以擱置所繪製的「主體」（subjectivity）糖衣。

　　然而，擺放在 1945～1949 國府主權展示的歷史過程中，我們可以發現主權不僅表現在政治的統治能力上，更進一步表現在對於台灣文化的擱置上。這樣的擱置，除了讓台灣文化豐富的異質性被約減，也使得這種被約減的手段、過程在主權的架構下獲得保證，還導致台灣遭受殖民的歷史迅速地被擺置在奴化認識的預設範疇裡。也就是說，從文化的角度介入，能夠觀察到的並非僅是主權歸屬的悖論，而是在主權本質上的潛勢（potentiality），尤其當國府以政治權力執行中國化的一般價值時，它同時也就轉動了語言的命名權力，以指涉著一種召喚它是（it is）的吸納與扣除的運動過程。而有別於官方設定的台灣文化形式，也就在這種精確且不需檢驗的規則下被擱置。無論是過程、或是結果，在政治主權的形式下，台灣的歷史、經驗與文化僅成為一種非我的文化形式，一再地被納進而後編制，並不斷接枝為否定自身的奴化樣貌──一種被主權給出的文化偏差。不過，這樣的意義又是什麼呢？擱置以完滿的樣貌向我們呈現時，它又企圖說些什麼呢？而當我們關注到文化中被擱置的現象時，又是什麼意義呢？我們又如何從擱置中重新理解呢？無法否認，由擱置關注於主權，其彰顯出貼近回歷史、文化複雜性無能為力的一面，而就擱置的關注，也不意味著能減少它執行的力量。通常，主權藉擱置所宣稱的普遍性話語，並非只是擱置地取消，而是揭示了不同話語中，這反覆被挪用的替身。沒有任何一般性（universal）的宣稱，能夠同時自我純化而

不產生擱置。正因為如此，擱置本身向我們展現的是擱置如何關注主權的所有面向，而擱置、中斷主權封閉性的運作，好重新想像，卻是要持續介入的複雜工作。就如同阿岡本自己所論證的：擱置是理解主權自身所特有的（Agamben，1998：15）。主權即是那些擱置（not yet）普遍現實化（realized）的悖論之處——它既是透過一種非現實化的零度（degree zero）自我缺席與佔有的過程，亦是純粹揭露與使其停頓的所在（Agamben，2008：6、51、64）。這意味著主權——這非場所（non-place），它不只是敗亡、也是發生，它索引著不同力量的張力，在遭遇的裂縫中不斷生產。它企圖要我們看見這時代的擱置，看見對於這文化現象的擱置，它要我們看見擱置的他（others），並在此處撞見自我的擱置，而從擱置的此處中停頓、思索、探問，便就是要讓擱置無法被佔有、使其他的可能性可以發生，發生在我與他——擱置主權的關注當中。

參、與伊「逗（，）陣」（being with others）

　　事實上，從主權宣稱的那一刻起，它就不斷地在對我們宣稱、對我們敘述，對我們說它應該是「屬於我們」的，但是這個「屬於我們」，為我們所宣稱「屬於我們」的，這個「我們」是誰？

　　「我們」從「一般性」的角度而言是一種意義，是思考一般性（universal）構成為我們的可能性意義。但思考「一般性」的這些人，他們一方面持有對「一般性」普遍的設想，又一方面驚覺到「一般性」自為的顯現無法普遍地規劃。於是，難以收攏、或總是溢出持有與規劃的不同部分開始顯示自身，開始為思考「我們」的那些人顯示——「我們」到底是誰？這意味著，「我們」是思想的裂縫，其既為難以被換算的部分，也總是溢出為不同的部分。「我們」不被收攏與總是溢出自身，即是意義本身，而就其內容而言是「為他」的。因為，在自我的思想中，我同時與其他的思想發生一定關係，那所謂「我思」才有可能。沒一種獨特的意識只是為自己，或只是他人的。只有思索我們為他人的情況下，我們自己才會發生。在這裡，並沒有一個一般性的我們（there is no universal "we"），我們僅是與他（others）發生的起點——一種間隔的敞開、「分・享」的開始。儂曦（Nancy）就曾經透過「我們」對於「共同體」的宣稱，再一次深入地探討主權與一般性之間的問題。儂曦經由巴岱伊的角度出發，他發現「主權就是一無所有（nothing）」，「主權」即是暴露於溢額。

（Nancy 蘇哲安譯，2003：40）而主權的法則（logos）本來就可以意指爲經由「分‧享」（being shared）才有價值的東西。（Nancy 蘇哲安譯，2003：xxxii）所以，唯有經過從我們（our）自身陌生的起點出發，我們才能發現：「主權」之於「共同體」──即是「存在正身的出境（extaste；being ecstatic）所在。」〔註2〕（Nancy 蘇哲安譯，2003：16；英譯：6）

　　藉著海德格的思考，儂曦意識到了「我們」是有限性就普遍性的約束、斷開，而此過程則須由「出境」加以理解，他說：「「共同體」與「出境」兩項已經無從區分：也就是說，「出境」的問題像我們現在已經逐漸開始懂得存在的問題一般，不能單算爲「全體存在」的絕對值而已。」（Nancy 蘇哲安譯，2003：15）而他更具體的將出境以奇點（singularity）的角度來說明：「出境者」根本沒有任何「主體」可言，奇點本身無法發生在原子「個體」的層次上，它是藉由不斷微偏（clinamen）的流動所形成的樣態。（Nancy 蘇哲安譯，2003：17）在儂曦不斷變動的靈巧身態中，他企圖藉著「出境」重新問題化主權對於「我們」的宣稱，也進一步提問「我們」的主體，但什麼是出境（ecstasy）？

　　在海德格那裡，「出境」被辨認爲：「出離自身」本身。（Heidegger 王慶節譯，2002：93）它是讓存在，即自由，本身就是敞開著的，是出境（綻出）的（ek-sistent）。（Heidegger 孫中興譯，1996：223）在海德格的脈絡裡 ekstase 意味著朝向未來的可能性，它藉著「出境」的遺忘姿態背離自己曾經所「是」（been），而迎向存有的可能。但是，海德格也提醒我們，「出境」本身就是一種自由，它不僅包含著顯露出現的可能，同時也包含著無法顯露的自由。而重要的是，顯露與無法顯露之間，遮蔽總能轉身爲另一種僞裝的「出境」，向我們宣稱。這意味著，遺忘背離自己曾經所「是」（been），同時也轉動另一次遺忘所是（been）的遮蔽，而使人根據他最新的「需要」和意圖來充實他的世界，以他的計劃和打算來充滿他的世界。也就在這個時候，「出境」不僅作爲「出境」本身，而且也是固執地持存（insistiert），頑固地執守住那彷彿從自身而來自由敞開所提供出來的東西，從而成爲非眞理的本質來運作──一種大寫固執地出境（綻出）（Ek-sistent）。

〔註2〕　原文是「共同體」即是「存在正身出境的所在」嗎？這裡筆者想要強調對於共同體的思考就是著重於出境所在的思考，就是對於他們分享的思考。

　　銜接海德格的思考，儂曦發現「出境」說明了「內在性之「絕對」不可能性」，（Nancy 蘇哲安譯，2003：15）它不僅意味著「出境者」沒有任何主體可言，它還是一種不斷離開自身而活得自身的樣貌，但弔詭的是，「出境」本質上就無法從主體的思考來加以掌握。從這個意義碎裂處出發，儂曦似乎意識到藉著出境（ecstasy）反覆的討論開始，「我們」的宣稱就重新啟動了主權對於廣義社會關係的認識。他在巴岱伊的反省中驚覺，從主體哭哭笑笑企圖中斷的非知開始，所完成的也僅是本質本體論的斷裂，在認識的層次上它並不必然能為非知的他者將「我們」打開，而且一但這樣的斷裂被架空在「出境」與「我們」之間的基軸，這兩條軸線不僅彼此互換，更進一步制約對方。它使得「我們」拒斥其自身的「出境」，也使得「出境」再一次從「我們」的宣稱中遁跡，並讓「出境」的再現被限定為既有的社會團體、或政治秩序內簡單的歡樂而已。因此，無法從他（others）的角度思考「出境」，它必然使得「出境」陷入──一種既定給出的樣貌，它雖藉著給出自身而脫離自身的狀態，但這樣的脫離並不意味著人獲得脫離後的自由，因為這脫離只是為人提出選擇的可能性，所以人並沒有人以外的其它自由，相反地，它卻是讓自由再一次僅附屬於人，進而使得對於「出境」的思考向內翻轉，呈現一種固著的姿態，不斷地固守主體自身的尺度。

　　在這裡，我意外發現儂曦藉著對巴岱伊的翻轉，再一次透視從主體「出境」而無法朝向他者的悖論。在儂曦的描述中，巴岱伊在思想的操作上一方面仍深受共同體磁力的吸引，另一方面則受控於主體（sujet）主權的傳統命題。這樣的命題，不但無法翻轉「屬我」的悖論，還進一步經由「對象」與「結合」的擴張取消了他者，以及溝通。（Nancy 蘇哲安譯，2003：45）因此，他認為「出境」不是涉及主體的自我結構，而是關係到極限上的清醒意識，並且從這樣的意識上在黑夜「出境」而領會，進而能夠進一步地與自我意識中斷的溝通。（Nancy 蘇哲安譯，2003：45）也就是說，「出境」之於「共同存在」（being-in-common）並沒有完整回答存有間的關係，在「共同存有」的架構中，它仍允諾各種規格、尺度的計劃，那不但便利人們以自身的企圖來認識世界，更極有可能以一種「共同存有」的扣除方式完成同一的可能。因為，「出境」如不開放所屬為他（others），那在「共同存在」的過程中，主體的出現勢必以「共同存在」作為前提，並藉著這樣的尺度來鑄造自身。因此，這樣的主體也僅成為主體又一次再現主體的方式，它只是主體鏡思之中的再現對

象，它並無法認真思索脫離與自身之間本質的沾粘。所以，儂曦要我們從黑夜來領會「出境」。黑夜既是身處的處境、無限綜合的索引，也是遮蔽的那物。對於非知的中斷並無法在自身的認識結構中理解，而是要經由「他」——對那物的中斷，才能真正斷裂其自身的本質認識。易言之，中斷無法在自身中發生，卻必須從「黑夜」中的「他」（others）來脫離（ek）世界的座架（stase），而再次獲得「出離『自身』的本身」（ek-sistent）的可能。

　　從這樣的角度思索，儂曦企圖揭露「為他」才應該是社會關係中不同主體交往間重要的取徑。主權之於共同體的認識，也僅是存在與出境間的轉喻，它必須藉由對於主權型態認識的轉化，使得主權能夠在「奇點」（singularity）的角度下從內而外地被加以理解。透過對於存在不斷微偏的差異認識，共同才能不被以單向的詮釋來加以發聲，而文化與社會關係在出境「為他」的作用下，便可能化解主權對於一般性的堅持。因此，在「奇點」的架構下各個奇點有如文章的逗號，它相互連結又彼此停頓，它交迭於上下文的承起之處，轉化著各個閱讀的節奏，引導各種衝突、或跨文本的文意出現，在不同空白與轉喻切換的瞬間，它又讓文本的不同形式與意義能夠產生。所以，認識我們，即是認識了我們對於共同體本身欲念的執妄，認識了人如何以主權的線性與推進的方式，企圖忽略各種奇點的逗號、衝突的文意，而急欲完成統一的單質意義。但是，另一方面我卻又注意到，奇點在主權的意欲下它不總是清楚的，無法辨識的存在總是涉及了主權所給出（give）的一般性與急欲抵銷的特殊性之間的意義連結，或彼此執行間逆向的轉化。尤其是，刻意的抵銷、截毀，使得某種發生過總在陰暗不明處尋不到蹤跡，沒有語言的故事，該怎樣憑弔？沒有語言的發生，又該怎樣整理？沒有語言、沒有記憶，就像從來都沒一樣平淡無奇。各種好的、壞的、美的，都在這種刻意下失去可以說出的能力。但這些被抵銷的，藉著隱喻，經由主權所宣稱我們的各個縫隙處，撤離及發聲；不同的是，它使自我形成一種歷史意義的反白，無法被證實的語言卻使得主權自身的宣稱變得曖昧不明。於是，進入這些反白，進入這些被刻意反白的歷史意義中，也就是在一次進入「我們」，進入「與伊逗（，）陣」（being with others）的可能。

　　主權對我們所宣稱的共同，並不單純僅保存在歷史夾層的軸線中。主權在政治意識的活動下，早就成為最喧囂的符號，它不僅流動在1945～1949泛黃歷史的扉頁裡，更隨時跳脫歷史時框的限制，轉身進入你我生命的當下，

巧妙地黏著於各式宣稱與號召的言論，而一再地左右及蒙蔽各種認識的結構。各種快速與流竄的論述，不但淹沒了人重新認識「主權」的可能，也再一次回應了主權對於共同主體激烈的欲望。它不單僅是權力對我們的涉入，而是轉變爲對於我們本質的凝視，凝視著我們的躁動，凝視著我們的不安，凝視著我們而將我們推向於一個相互取悅而慘白之處，就如同海妖塞壬（Sirens）的誘餌，呼喚著人們對於古老內在性（immanence）的統一經驗。

　　但是我們仍然無法拒絕說出「我們」的欲求。尤其是以「主權」作爲文化涉入的角度，它所涉及的不僅是政治與經濟的圖像，它更介於社會與歷史的交界，並且與習慣、記憶、生活相互糾纏。因此，當我們再一次藉由形上學的、歷史的、詮釋的角度來調動主權這個詞語的同時，我們會發現「主權」並不屬於時間，也不屬於連續，更不屬於因果，而是一種切近（intimacy）的轉位關係。依據儂曦的討論，所謂的「主權」並不是一種內在性（immense）的宣稱，因爲，這種內在性不但會立即鎮壓共同體，甚至同時也鎮壓了所有的溝通關係。（Nancy 蘇哲安譯，2003：28）大家一致融入「聖體」，如此單一不變的內在性邏輯，只有導致共同（體）自殺的結果。（Nancy 蘇哲安譯，2003：29）此處，儂曦深入巴岱伊的論點，清晰的理解巴岱伊早就洞察了在主權內在性的驅動之下，各式的聚合總會朝向一種融合（fusion）的死亡，在死亡中所轉動的仍是屬我的智識邏輯：情侶間的殉情、歃血弟兄或是信徒團契共赴黃泉——它所象徵的也僅是屬我的出現並抵銷了異質爲他的可能，進而使得死亡就也如獻祭般的與神聖同一。

　　不過，儂曦並沒有滿足於巴岱伊的思索，他甚至再一次將本體論「出境」的化解推展到各奇點間「分‧享」的可能。從這邏輯展開，共同體之於主權，問題不在於共同體如何發揮「共同存在」自身「出境」的中心位置，而是在於經由（pass）對方，相互陳述、彼此曝露，在交往中使其各自的差異「分‧享」成爲可能。但什麼是分享？「分‧享」其實就是一種切近，它不同於內在性的聚合關係，也有別於「中心出境」的存有關係。「分‧享」是建立在思想、認識能持續抵抗、反省的轉位之處，並且藉著彼此承認差異的過程相互顯露。也就是說，「分‧享」是化解內在性逼索的契機，這樣的「分‧享」不以分配而就位，它經由相互交錯而彼此切近，活化爲一種它者化的過程空間，它既持續從不同的逼索中打開間隔，又促使界限上能夠聯繫，它使「分‧享」成爲「主權」，「主權」也因此一再經由「分‧享」獲得。從這樣理解，我意

識到「分‧享」、或「出境」的「分‧享」，本身就意味著「有限」的生命與展露「斷開」的觸碰能力，因為，在「分‧享」中沒有任何普遍的因素，賦予事物亙古的「出境」，而抵制了其它認識的可能。所以，如果「分‧享」是一種「有限」和「展露」的體驗，是一種持續且不斷觸碰的過程，是一種短暫且必然逝去的律動，那麼它勢必存在著許多不同生命的身影。以往，「分‧享」總是被定義為「持有」的對立面，因此它似乎就成為了無法長期擁有、勢必掌握的事物，也因此無法被理解為「我們」的可能。但如此的假設，從最初就把「分‧享」、「有限」、「斷開」拋進了「非我們」，並進一步使其喪失干涉的可能性。那麼，這原封不動的「我們」就不再會被「經過」，也就不再會有任何意義被「經過」，而這樣的「我們」不再能夠「分‧享」，也就不再能夠出現或發生。

在那一個寫作的時代過程裡，我們可以清晰看見儂曦企圖提醒我們：巴岱伊與海德格所共同面對的是，戰後強勢暴力的結束與另一個資本組織化的總體社會正逐漸成形，各式頑強的組織架構並沒有因為一次強大暴力的隱沒而顯得虛乏無力，相反地，這次強力的號召暴力，卻提供了一次總體性的試練場域，頑強地朝向比以往更為複雜的組織與社會制度發展。因此，儂曦企寄望藉著奇點（singularity）持續的對話與曝露，將共同體反轉為無法運作（unwork）的共同概念。在巴岱伊的論點裡，不難發現共同體總是充斥著內在性的死亡腐味，各式親愛精誠的逼索企圖完成共同體嚴苛的座架。在這座架中，共同體不但揭露了我的誕生與死亡，更一進步成為外在於我的存在，甚至這樣的座架取消了他人的可能性，以完成自我的可能性。也就是說，共同體急欲調動的是一種屬我的專制概念，並以不同的變形吸納非我的主體單位。（Nancy 蘇哲安譯，2003：34）藉由這樣的閱讀，我發覺共同體本質上就預設著無法運作的前提；首先，如果共同體就如巴岱伊所討論的，它的形成是經由自我的取消而連結至外在於我的座架，那這樣的躍升基本就暗示著自我的死亡。但假如死亡是屬我的經驗，那躍升所意味的也僅是座架的自動完成，而非熔接聖體的到來。因為，死亡無法一方面成為主體內在的經驗，一方面又外在於主體成為熔接聖體的價值法則。再者，共同體意味的絕不是賓詞意義上「自己」的專屬空間，而是主詞上「我」的開放空間，我總是「伊」，它是不斷交錯、曝露的「分‧享」過程，我與「伊」呈現的是生命「有限」的真相，生命無法以座架的姿態完成自身的「無限」價值。所以，從為它的

「分·享」出發，共同體自身的有限也僅是一種不完成、不運作（unwork）的可能──而其抵抗本質宣稱的能量，就如同遠方天空顯露的虹彩，從不同的地方到另一個地方，它既會結束也會消失，相同地，它也會出現與到來（coming）。

　　這裡，讓我回到相似的年代──1945～1949年台灣在殖民政府與國民政府相互輪替的觀察。1947年228事件過後，新生報上的《橋》副刊承接起了「奴化與中國化：一般與特殊性」的討論，並且希望藉著文藝的對話讓各種可能性發生，歌雷就曾在「歡迎」那篇詩裡表現了這樣的面貌：

> ……朋友　歡迎你來　歡迎你智慧　歡迎你熱性　歡迎你誠實讓我
> 們像老朋友　大家握一次手　你來自北方的　你告訴我們一些嚴寒
> 的故事
> 你來自南方的　告訴我們一些海洋的秘密
> 我們像小兄弟　你愛說什麼　就說什麼
> 這裡──自由　是最低的要求　友誼　是最高的享受
> 這裡　冬天不太冷的島上　卻有颱風　春天的夜裡　落著雨
> 你願意　就打開你的心　像一顆太陽〔註3〕

就讓「我們」再一次面對歷史的反白探問「我們」。事實上，探問是一種思考的狀態、過程，它不與某種態度對位，也不應該僅服膺某些企圖，在我重新探問與思索時，必須小心處理這種思緒。因為，書寫本身是一種徵狀，表徵著想要出現的樣態，顯示著希望存有的渴望。就如同在喉中冀希瘖瘂發聲的欲求，它想要將其自我的意義對位，它想要獲得某種存有的解釋。這樣的獲取，出自於對自身的好奇，而此好奇本身就是對事物的探問，柏拉圖所謂哲學的起源是面對事物本性，且憑藉著理智來把握東西的驚訝。但是面向晦暗，我們更可以發現，這樣的好奇是企圖建構其中秩序，以收攏晦暗的過程。我們可以說，某種晦暗具有實在性，而這樣的實在性總是觸碰到官感，引發我們想要辨認的欲望。從這樣出發的書寫，本身就是徵狀，它本身就暗指、隱藏某種事實性的存在，引導我們去聽聲辨位。

　　然而，你在說「我們」的時候，你究竟是誰？這過程難道就是追問？還是這樣的追問本身從思索的過程裡脫離開來，成為一連串的對位、假設、區分、設定，而「追問」不過成為「想」的對象，「我們」卻成為本質的基底，逃逸出思考的範疇。換句話說，「探問」反而使得「問」與「我們」畫上一組

奇異的等號。在一連串互等的過程中，「探問」被某種窒息的技術加以趨近，它處於某種「近似於」的反應行動。如果「探問」只是對「我們」進行發問的話，那麼他早已經對位且預設了本質。如果，「探問」的問題不只是在於此的話，或許這是由於「探問」超越了思索給予的最後設定，而溢出了「我們」所賦予的意義。那「我們」的問題之外，不是什麼區分與固定的設定——而只是就時代的凝視與思索——對於各種封閉動力的抵抗，以及就不同可能性開放空間的探索——再一次的「與伊逗（，）陣」（being with others）。

第三章　主權的擱置
——虛構「奴化與中國化」

　　「奴化」在戰後台灣一直是爭論不休的語境。對於奴化的認定，這語境卻或多或少顯示當時本省人如何看待自己的殖民歷史，以及外省人怎樣意識台灣特殊的歷史關係。所以，「奴化」這個論述，通常夾雜著政治與文化兩種奇特的脈絡，在政治上由於台灣「光復」的需要，台灣的中國化是以中國的意識形態作為基礎，以致於台灣所經歷的殖民歷史並不必然成為政治上可以承認的對象。也因此，台灣人曾有的皇民身分就成為政治與文化相互衝突的矛盾，而「中國化」的執行，更是隱含著以國家主權為主的收攏目標，這不但使得「奴化」的軸線與主權的執行相互交迭，更成為「主權」展示的另一種特殊隱喻。

　　前面的章節，我們經由巴岱伊（Bataille）與阿岡本（Agamben）對於主權認識的討論中可以發現，主權在其法令效力（validity）執行的過程中，立即帶來的就是主權對於自身的擱置（suspension）與內置的扣除（inclusive exclusion）。而針對這樣的扣除，傅科（Foucault）則進一步細緻的指出，

　　　　「扣除」（deduction）已經趨向於不再是權力的主要形式而是眾多權力之中的一種因素，其作用在於激起、加強、控制、監視、擴大、組織那些位於它之下的力量：它是一種旨在生產力量、促使其成長並使其秩序井然有序的權力，而不是致力於阻礙它們、使其服從或將其摧毀的權力。……現在把自己呈現為一種權力的對應物，這種權力對生命施加稱職的影響，努力管理它、擴大它並使之增多，使之服從恰當的控制和綜合的管理。〔註1〕

〔註1〕　Michel Foucault , *The History of Sexuality. Volume I* , p136.

Foucault 的分析中，不難看出「生命權力」朝向兩種形式進行發展。這裡，
Foucault 藉著總體社會的認識提問，並經由生命政治（bio-political）的理路以
詮釋主權政治如何通過一系列的干預和調節控制，深入人們對於繁殖、意識、
出生、死亡、生命期待的種種肌理。另一方面，Foucault 更通過所謂「規則」
的發展，他對生命說話。他以為，現代的主權技術不僅是一般生活與實踐層
面上監視與管制的技術，它更變形為權力技術產生後所分配的儀式與道德化
序位，而此種序位判斷，能藉層級演化鞏固道德意識，一再經由其權力關係
自身的儀式與道德化，完成兩肇從屬關係的序列。

　　因此，從 Foucault 以主權意志展開生命政治（bio-political）的討論視野裡，
我們可以發現「奴化：中國化」的序列除了展現國府對於台灣文化的「擱置」
之外，它更象徵著台灣的文化現狀對國府而言，不僅是「需求的主體（the subject
of needs），欲望的主體（of aspiration），但同時也是治理手中的對象（object）」。
〔註2〕這也就是說，透過探問台灣 1945～1949 國府主權施展治理技術迫切的
欲望，從中能徵狀性的取得當代在戰後，主權邏輯於區域間自我執行的參照
輪廓。故此，本章將藉著 1945 年國府初期文化政策的執行、周邊的文化樣貌
和後期《橋》副刊的討論，重新回溯 1945～1949 年間國府對於（一）、「奴化」
與「中國化」論述的操作；（二）、有關文化政策、思想教育與身體管理；（三）、
有關「國語」的論述，並企圖揭露「去奴化：中國化」本質上的悖論，進而
能夠理解主權如何在「去奴化：中國化」的治理性中展演、暗置了擱置與排
除的文化邏輯。

壹、招魂納魄──主權的效益邏輯 vs「去奴化」的「中國化」訂製

　　為了能夠更有效的治理台灣，戰後國民政府收復台灣之初，陳儀治台的
政治方針，總體來說是以經濟總體化與行政特殊化兩大策略加以進行。就陳
儀所領導的長官公署而言，台灣統治的當務之急除了政治與經濟的面向之
外，最重要的就是如何將「日本化」的台灣人「中國化」，即是如何再次建立
台灣人的國家意識與國民意識。在戰後台灣的接收工作中，陳儀將它分成政
治、經濟、文化三個範圍來思考，當時陳儀稱作為「政治建設」、「經濟建設」

〔註2〕　Michel Foucault, "Governmentality", 1994 , in Michel Foucault──*Power*, edited
　　　　by James D. Faubion, Penguin Books , p217.

與「心理建設」，而所謂的「心理建設」即是文化重編的工作。〔註3〕他認為「心理建設」的目標是在發揚民族精神，加強中國國家意識的建立，並且進一步清除日本殖民教育的皇民化思想，他在〈台灣接管計畫綱要〉中就指出，「接管後之文化設施，應增強民族意識，廓清奴化思想，普及教育機會，提高文化水準（第四條）。……日本佔領時代印行之書刊、電影片等，其有詆毀本國、本黨或曲解歷史者，概予銷毀。（第五十一條）」〔註4〕而在實際的施行上陳儀在〈台灣施政總報告〉中更指示：

> 心理建設，在發揚中華文化精神，增強中華民族意識。此為以前日本所深惡痛嫉，嚴屬防止，而現在所以十分需要者。其主要工作：第一，各校普設三民主義、國語國文與中華歷史、地理等科，加多鐘點，並專設國語推進委員會，普及國語之學習。第二，增設師範學院、師範學校，大量培養教員。第三，各級學校廣招新生，以普及台胞受教育之機會。第四，對於博物館、圖書館及工業、農業、林業、醫藥、地職等試驗、研究機構，力求充實，以加強研究工作，提高文化。第五，設置編譯館，以編輯台灣所需要各種書籍並著重中小學教科書之編輯。〔註5〕

在這裡，我們可以發現「公署的施政方針」有系統的想要灌輸所謂的中國文化以強化台灣人的民族意識。陳儀在中學校長會議中提及，「本省過去日本教育方針，旨在推行『皇民化』運動，今後我們就要針對而實施『中國化運動』。」〔註6〕因此，『心理建設』就是針對皇民化運動所進行的中國化運動。這也就是說，心理建設是一套文化建構的過程，為了排除以往的殖民地精神，『心理建設』就必須尋找另一套精神指標來覆蓋過去的『皇民精神』。所以，這裡的「中國化」意指的是一種超越教育而具有多面政治意涵的社會運動，它不只是針對特定對象所施行的教育政策，更是將整個社會民眾納進改造教育的範

〔註3〕　黃英哲，〈台灣省編譯館研究（1946.8～1947.5）──陳儀政府台灣文化重編機構研究之一〉《二二八學術研討會論文集》，台北：台灣史料中心，1998，頁95。

〔註4〕　〈台灣接管計畫綱要〉，《光復台灣之籌劃與受降接受》，中國現代史料編叢 第四集，台北市：中國國民黨中央委員會黨史委員會，1990.6.30，頁109～115。

〔註5〕　《中華民國36年度台灣省行政長官公署工作計劃》，1947年，台灣省行政長官公署，頁4。

〔註6〕　陳儀，〈台灣施政總報告〉，《人民導報》，1946年2月10日「本省過去日本教育方針，旨在推行「皇民化」運動，今後我們就針對而施行「中國化運動」。」

圍。而這文化政策的執行，陳儀在〈台灣省行政長官公署施政方針〉的報告中就清楚的將「編譯館」視爲中國化「心理建設」的要點項目，[註7]因而他特別情商許壽裳來出任編譯館的工作。[註8]

　　許壽裳在編譯館任內，在文化政策「中國化」的前提之下，他除了希望能把握住台灣在殖民文化中的特殊性，他更企圖以「五四」精神的宣揚來展開「中國化」的內涵。他在〈台灣需要一個新的五四運動〉中就清楚說明了對台灣重建的構想，許壽裳指出，

> 誰都知道民國八年的五四運動是掃除我國數千年來的封建遺毒，
> 創造一個提倡民主，發揚科學的文化運動，可說是我國現代史中
> 最重要的劃時代、開新紀元的時代。雖則牠的目標，至今還沒有
> 完全達到，可是我國的新生命從此處誕生，新建設從此開始，牠
> 的價值異常重大。我想我們台灣也需要一個新的五四運動，把以
> 往所受的日本毒素全部肅清，同時提倡民主，發揚科學，于五四
> 時代的運動目標以外，還要提倡實踐道德，發揚民族主義。從這
> 幾個要點看來，牠的價值和任務是要比從前那個運動更大，更艱
> 鉅、更迫切啊！[註9]

國府接收初期的文化政策在許壽裳的主導下，其最終的目標是重新掀起一次「新的五四運動」，召喚出台灣的民族精神。方法上，許壽裳此處希望藉著魯迅思想的引介，好延續五四以來對於國民性改造的精神，而另一方面，他更企圖藉著民主與民族主義的召喚以消解日本殖民文化對於台灣的影響。因此，許壽裳進一步表達了他對國民性改造的重視，他在《和平日報》發表的〈魯迅和青年〉一文中便表示，

〔註7〕　黃英哲，〈台灣省編譯館研究（1946.8-1947.5)〉，1998 年，《二二八事件論文集》，財團法人吳三連台灣史料基金會。

〔註8〕　1946 年陳儀曾致電給許壽裳：爲促進台胞心理建設，擬專設編譯機構，編印大量書報，盼兄來此主持。同年 5 月 13 日，陳儀又書信與許壽裳：兄願來台工作，很高興。台灣經過日本五十一年的統治，文化情況與各省兩樣。多數人民說的是日本話，看的是日本文，國語固然不懂，國文一樣不通，對於世界與中國情形也多茫然。所以治台的重要工作，是心理改造，而目前最困難的，是心理改造工具——語言文字——須先改造。（黃英哲，〈台灣省編譯館研究（1946.8～1947.5）——陳儀政府台灣文化重編機構研究之一〉《二二八學術研討會論文集》，台北：台灣史料中心，1998，頁 96）。

〔註9〕　許壽裳，〈台灣需要一個新的五四運動〉，《台灣新生報》，1947.5.4。

> 魯迅是青年的導師，五四運動的驍將，中國新文藝的開山者。他的
> 豐功偉績，到今日幾乎已經有口皆碑，不必多說了。但是他自己並
> 不承認是青年的導師，正惟其如此，所以為青年們信服，他的著述
> 為青年們所愛誦。他說導師是無用的，要青年們自己聯合起來，向
> 前邁進。……他又指示著青年生存的重點，生命的道路，而且主張
> 國民性必須改革。……魯迅常說國民性必須改造，否則招牌雖換，
> 貨色照舊，口號雖新，革命必無成功。〔註10〕

藉著魯迅的引介，國民性的改造成為許壽裳最為關注的焦點。在許壽裳的思考脈絡中，他將「五四」以降的國民性改造與台灣殖民的日本化，建立起直接的關係。在過去，「五四」的國民性改造，是解釋社會文化中病態樣貌最有力的藥方。各種病化的文化樣式，似乎都必須藉由國民性改造的訴求，加以清除。而社會文化的創造以及思想的重新展開，也必須進一步藉著對於國民性目標的體認來完成。於是，在許壽裳的操作下，「中國化」的「心理建設」成了對於「國民性」的認識，並且在「五四」運動的中介下，「國民性」的意涵除了隱喻著文化病徵的樣態外，它還包含著以「民主」、「科學」改革社會現狀的概念，而依順許壽裳推展的邏輯，「新的五四運動」也僅能經由「國民性」的改造，才有可能成功。

許壽裳在〈台灣需要一個新的五四運動〉一文中便再一次透過日本國民性的缺失，倡議著台灣人必須「徹底自救」，他說，

> 日本的國民性，不但是淺薄，妥協，虛偽，小氣，自大，保守，而
> 且簡直是無道德，負恩忘義，有己無人，牠的侵略主義的結果，弄
> 得牠自己國家敗亡，人民淪為奴役，……台灣同胞不幸受了日本侵
> 略主義的支配，薰染既久，毒化已深，非努力自拔，徹底自救不可。
> 這個肅清毒素是的總目標的所在，……所以台灣同胞要加緊語文和
> 史地的訓練，達到能夠自動的看懂祖國的名著，然後對祖國起了一
> 種崇敬心，愛國心有了泉源，滾滾不絕，於是民族意識增強，民族
> 主義自然發揚光大，到了強不可折的地步，自然而然台灣同胞的愛
> 祖國的心不次於其他各省了。總上所說，台灣現在很需要一個新五
> 四運動，是迫不及待的一件事，我想也是全國人民心目中所公認
> 的，……〔註11〕

〔註10〕許壽裳，〈魯迅和青年〉，《和平日報》，1946.10.19。

〔註11〕許壽裳，〈台灣需要一個新的五四運動〉，《台灣新生報》，1947.5.4。

在這裡，許壽裳經由中國特殊的文化經驗出發，不免對日本的文化樣態產生特定評價。但面對戰後的台灣文化，許壽裳卻期待台灣民眾積極接觸中國文化，並藉著中國文化的認識，重新喚起民族主義的愛國精神，以便使台灣能在中國文化的薰陶中強化自己的民族意識。因此，他強調台灣需要一個新的五四運動，透過五四運動的開展，才能讓五四精神——「民主」與「科學」再次成為台灣文化的主力。不過，面對這幾次許壽裳企圖藉五四運動活化台灣文化的論點時，我們卻不得不小心釐清。因為，許壽裳雖立意良善的想以五四精神作為改造台灣文化的主力，然其中就民族主義的企求，卻一再引發某些朝向於集中的動力，而迫使五四活潑的樣態，淪為民族主義的手段與工具。特別當國府初期的文化政策還依然仰賴於「國民性」的論述時，它便立即引發某種「本質」化的認識作用。

當時《台灣新生報》社論便屢屢陳指，在日本殖民的統治下為了使台灣人能夠「皇民化」，於是，消滅台灣人的民族意識、忘記祖國，就成了「奴化教育」的首要目標。他說，

> 日本對於台灣的統治手段：在政治上是採取「民可使由之，不可使知之」的愚民政策……在文化思想上更散播了無數的毒素，使台灣同胞日日受到其麻醉與薰陶，對祖國觀念模糊，逐漸離心，以遂其「日本化」和「皇民化」的目的。因此，不僅在語言文字上，竭力強迫其模仿日本、學習日本，即在一切圖書雜誌小說電影戲劇中，亦廣泛的灌注誇張大和民族和讚頌軍國主義的謬論，使台灣同胞在不知不覺中，自然而然產生一種崇拜日本的自卑心理。此種……「糖衣」……我們千萬不能加以忽視。……大家須知道日本五十年來在台灣散播的思想毒素，相當的根深蒂固，祇是僅僅注意到思想「消毒」，還嫌不夠！還須再進一步，去積極推動台灣同胞研究中國文化的興趣，培養其政治知能，增進其對世界民主潮流的認識，務使三民主義的崇高理想，能夠透達各個部門，每個階層，以共同協力建設新生的台灣，……。〔註12〕

這裡，可以再一次比較許壽裳與〈社論〉的論述，我們不難清發現某種東西在暗地裡被挪用，而某種東西又被取消。從這整篇〈社論〉的描述中，要「肅清」台灣「奴化」的樣態，雙方有著相當合拍的共識。尤其，此社論更表示，

〔註12〕 〈肅清思想毒素〉，《台灣新生報》（社論），民34.12.17。

日本殖民時期台灣民眾的語言文化、生活習慣，在日本人有系統的掌控之下被「奴化」，而這樣的「奴化」，不但使台灣人盲目崇拜日本文化，更讓中國文化在日本有計劃的排除下蕩然無存。正是因為這樣，台灣同胞在日本五十年的殖民過程中，思想上早已被殖民毒素給箝制與窒息，以致於文化上所遺留的也僅剩殖民者所殘餘的「毒化」因素。所以，「中國化」的思想改造就成為台灣文化最有效的良方，台灣的殖民毒素也唯有經由「中國化」的改造，才能恢復文化上的健康樣態。有趣的是，整篇〈社論〉中同樣是透過某種民族訴求作為出發，但與許壽裳不同的地方在於，社論最後歸結的卻是「三民主義」的崇高理想。這動作在無意識中，使得「國民性」、「三民主義」甚至是國家機器的意識形態，在民族主義的旗幟中悄然連結起來。而所謂的「國民性」、「三民主義」，也就在朝向、集中的目的下扭曲運作，並同時引發出一種「國民性」的「中國化」變異，這在國家機器的挪用下有效地成為貶抑台灣奴化的隱喻手段。

但是，「國民性」究竟意味著什麼？而所謂的面對台灣的殖民文化難道又僅能這樣的認識嗎？其實，「國民性」一詞最早來自於明治維新的現代民族國家理論，是英文 national character、或 national characteristic 的日譯。這個理論的特點是，它把民族國家的範疇掌握為人類差異的首要準則，也進一步暗示進化論的理論模態，提供國家主權執行的理論依據。尤其，從許壽裳對日本文化批判的側面，我們可以發現「國民性」在五四運動的脈絡下，它體現的是中國知識份子經歷救亡圖存時，面對外來強勢文化就自身傳統所展開的挑戰。這挑戰在抗戰期間，更將整個中國的思潮形塑出濃厚的民族主義色彩。〔註13〕這也就是說，許壽裳「國民性」的改造，不僅延續了清末至五四以來對國民性的改造方案，更結合了 30～40 年代抗戰文藝就民族主義式的「國家」訴求。毫無疑問，五四運動在某種層面上，仍是維繫於現代性激發下的推進方案。它企圖從固有的文化系統中掙脫出來，翻轉「吃人」的社會結構，而再

〔註13〕郭沫若在《抗戰與文化問題》中就清楚的呈現這種關係的轉換，他說，「八一三以來，所有國內的種種所頡頑狀態幾乎完全停止了，所有一切有利於抗戰的力量也漸漸地集中了起來，就已感覺著有集中的必要。就單拿文化問題來說吧，所有以前的本位文化或全盤歐化的那些空洞的論爭，似乎早已是完全停止了。而在文化的分野裏面受著鼓舞的，是抗戰言論，抗戰詩歌，抗戰音樂，抗戰戲劇，抗戰漫畫，抗戰電影，抗戰木刻……」（《郭沫若全集：文學篇》，第十八卷，頁217）。

次尋獲對「人」設定的邏輯。若必須指出差距的話，則是此時國府所操作的「五四改造」強化了民族進化的「集體」目的，而遺忘「五四」最為根本的是，立基在「個人」能獨立批判、思考的──啟蒙精神。但這種移植與反覆操演，擺置於「中國化」的運動中，卻成為台灣戰後回歸最弔詭的過程：它一方面在「文化政策」的操作下，以其「國家總體」的姿態提醒著台灣同胞「標準」的精神姿態，而另一方面，這種「標準」更形成一種沉默的利刃，靜靜的讓台灣人不斷的自我切割──以改革自身的身體，好有效回歸「集體」的「五四身體」樣貌。

　　然而，台灣人真的奴化了嗎？楊逵在〈「台灣文學」的問與答〉就曾經認為日本帝國主義控制下的台灣，奴化教育是有的，「但不僅在日本帝國主義下，所有封建國家，封建社會，都大規模的從事著奴化教育」，「但有奴化了沒，是另一個問題。」部分台灣人因為環境的關係被奴化了，「但大多數的人民，我想未曾奴化，台灣的三年小反五年大反，反日反封建鬥爭得到絕大多數人民的支持就是證明……所以，輕易就說台灣人民受日本奴化教育的毒素作祟，這樣的說法沒有根據。」〔註14〕而彭明敏更在《橋》副刊表示，「奴化」的說辭，典型表現一部分人士對本省台灣社會抱持著先驗而不加檢視的立場，〔註15〕他認為，

> 台灣社會最大的特色則在於它有受過半世紀日本統治的特殊歷史這一點，這是不能否認的明明白白的事實。可是危險的陷阱卻在這裡。因為這個事實太明顯而易見，一般人看見台灣社會的某種現象，就立刻聯想到日本統治的歷史，而不分黑白的將這兩個事實連在一起，於其中間牽強附會的設立一種因果關係，勉強的藉用這種歷史來說明一切，好像以為一喊「這是日本的影響！」就可能說明全體台灣社會似的。既已經日本半世紀的統治，台灣社會的確相當程度受到種種影響乃至同化……，所以對於這種事象，應從它與世界（或東洋）整個社會的關聯上，來考察和解釋。……這種武斷，不但妨礙對於現實真正的暸解，且可能產生空洞的近視的作品。〔註16〕

楊逵對台灣殖民歷史的剖析，提供了思考台灣文化另一種認識角度。在論述中，楊逵企圖瓦解對殖民普遍有效的認識模式，他認為如果僅能以殖民與奴

〔註14〕楊逵，〈「台灣文學」的問與答〉《橋》副刊 1948.6.25。
〔註15〕彭明敏，〈建設台灣新文學，再認識台灣社會〉，《橋》副刊 1948.5.10。
〔註16〕彭明敏，〈建設台灣新文學，再認識台灣社會〉，《橋》副刊 1948.5.10。

化的語彙進入，我們就會迅速投身於殖民立即而有效的結構認識，這就忽略了台灣在殖民歷史中始終有著間歇與不斷抗爭的能動意識。因此，「奴化」——在彭明敏的理解中，它蘊含著一組主權索求的因果建構。一但脫離「奴化」的視域，就能發現「奴化」本身提供了國府主權可詮釋與架設的各種場域，這些場域結構不僅企圖維持自身的主權形式，更羅織了台灣社會各種整體的「奴化」關係。就主權本質的作用而言，以「奴化」認識台灣的社會文化，不但有利於國府重新納編台灣歷史差異的認識關係，也加強了國府對於「文化」詮釋的合法性。但另一面，彭明敏也暗示了「中國化」指涉著文化認識的空洞樣態，在國家主權的操作下「中國化」不必然具有其豐富的文化內涵。因為，「這種公式的」認識結構並無力展現文化本身的複雜性，它反而導致文化本身「有生命有活氣」的致命障礙，能提供的也僅是「乾涸平板」的文化認識而已。〔註17〕

　　因此，對於「國民性」與「奴化」的說辭，我們似乎可以藉著楊逵的論點再一次的展開。楊逵說：「不僅在日本帝國主義下，所有封建國家，封建社會，都大規模的從事著奴化教育」；這裡，透過某種逆向的理解我們必須質疑的是：如果所謂的「皇民化」意味著當時「日本殖民時期」對於「國民性」的要求，那此時國府對於台灣「國民性」的要求它又意味著什麼？從這提問出發，當楊逵與彭明敏回身進入歷史的探問時，我不禁察覺國府所執行的奴化與中國化的政策論述，基本上貫穿著著主權合法性的效益姿態。「國民性」、「奴化」與「中國化」在主權的連結之下，早已標示著均質化的邏輯樣貌。尤其，經由主權遞換的歷史角度觀看時，我發現國府以「奴化：中國化」涉入的論述形式，已就預設了主權的目標取向，進而洩漏了「奴化（皇民化）」之於「中國化」，不過是國家主權針對國民身分徵召的空洞指涉系統。因為，「奴化」、「中國化」與「國民性」內涵的定義，是隨著國家主權轉換才觸發了設想質地的變更，故而「奴化」、「中國化」與「國民性」的理解，也僅依賴於「主權」系統性的指涉而獲得意義。所以，承接此邏輯的歷史、文化的理解，基本上也就陷溺於主權利益的交換之中。再者，當國府調動主權的意識，並以「中國化」作為文化象徵系統的實質內涵時，「奴化」與「中國化」的對立，就更突顯了主權經由同質化運作所預設的效益關係。也因此，在效益邏輯的驅動下，「奴化」與「中國化」本質上都表述了相去不遠的政治邏輯

〔註17〕彭明敏，〈建設台灣新文學，再認識台灣社會〉，《橋》副刊 1948.5.10。

──它們都以社會文化作為材料，進而充填主權自身的空洞系統。特別是這空洞的指涉系統，在國府有意識的操作下，使得其「中國化」的宣稱逐漸演變為一種「文化無意識」的「意識形態」，進而讓「奴化」與「中國化」在此系統中彼此演作，又雙向隱沒。它不但溶入台灣的文化歷史烘托出某種「奴化」與「中國化」決然對立的姿態，又進一步藉著闡述中國化的正確性來小心地維繫台灣「奴化」的歷史樣貌，並使得「奴化」與「中國化」的對立以某種抽象的概念，來完成了主權自身效益的兌換。

　　然而，就在國府迅速推展「中國化」的情況下，台灣日治時期的文化現象卻一再地淪為「中國化」企圖挽救的缺失，當時《台灣新生報》的社論曾經表示，

> 凡是經過異族長期統治的人民往往不免有兩種現象，其一、在異族高度壓制之下，忍受長期奴隸生活，以致精神頹廢、生活懶惰、喪失活力、不能振作，其二、受異族壓抑太久，一旦解除桎梏，對於新的自由生活，一時不能完全適應，有如脫羈之馬，不免越軌踰閑。
> 〔註18〕

從這裡的討論中，台灣所承接的殖民文化在政府的眼中它展演為精神上本質的缺陷，它無法與國家主權所企盼的國民精神相互符合，因此當時宣傳會的主任秘書沈雲龍便指出，

> 單就日本人過去五十年所施於台胞的教育政策這一點而言，應毫不客氣的來一個「反其道而行之」，換言之，即是對於日本人所散播的文化思想上的毒素，應該馬上予以徹底大清掃！〔註19〕

而教育部長范康壽更闡明，

> 皇民化的教育是不擇手段、費盡心力，想把住在台灣的中國同胞，都教化成日本人……變成為供日本驅使的奴隸……甚至禁止他們閱讀現代中國的書籍……過去所受的不平等、不合理的皇民化教育，我們自然應該從速徹底加以推翻，用最經濟最科學的手段使台灣教育完全中國化。〔註20〕

〔註18〕〈政風與民風〉，《台灣新生報》（社論），民34.12.15。
〔註19〕沈雲龍，〈台灣光復後的青年再教育問題〉，《現代週刊》創號刊，1945.12.10，頁3。
〔註20〕范壽康，〈今後台灣的教育方向〉，《現代週刊》，1卷12期，1946.3.31。

這裡從「中國化」的文化價值展開，國府初期的文化樣態配合著「中國化」邏輯的運作，開始朝向一種內在的文化分割形式。在主權操作下，國府無法承認台灣異族殖民的差異文化，從而台灣的殖民歷史，必須通過具有同一性的「中國化」運動來加以調校。也因此，在國府追求「中國化」的過程中，「去奴化」的文化政策就成了具有實際效益的編制角色。它如同一種裁定編碼的推進裝置，藉著文化中對「奴化」的排除來完成主權自我歸位的形式樣貌，而使得朝向「中國化」的同質運作與「去奴化」成為一組互為基底的邏輯序列。但值得注意的是，就在「去奴化」的中國化政策下，它所暗示的是主權藉著「中國化」與「去奴化」的雙重作用來確立自身的合法性，而且在各種「從速」、「徹底」、「推翻」的論述過程裡，它不僅指涉著認識本身排除與佔有的本質暴力，它更指涉了主權在「中國化」自我完成的過程中，必須是確立在「最經濟」、「最科學」、最具有「中國化」的手段價值。也因此，在這一連串「從速」、「徹底」與「最經濟」、「最科學」的相互作用下，國府對於台灣「文化」的理解，也就必須藉著「奴化」的詮釋理解來鞏固自身的手段及地位。

於是，從「奴化」與「中國化」的觀察，我們不難發現台灣在國府初期的接收過程中，蔓延著各種政治意識的抗爭與各種社會文化上的衝突。可是，試問這種種衝突的原因又是什麼？是文化差異？是歷史隔閡？還是政治期待的對立？其實，經由主權的視域閱讀，主權本身就具有生產與佔有的效用性要求，而這組要求封閉性的執行，使政治上產生鬥爭、經濟上欲求支配，更讓社會與文化在激盪起無數壓迫性衝突之餘，逐步導向對各種異質性抗爭的收束。我們無法否認，主權對於「國民性的訂製」（make up）是服從於一種既定的目的，它是由某種既定的認識範圍內提供價值性的判別，其目的是為了滿足這個侷限性認識的可能。這也就是說，如果文化、思想、精神必須與國家邏輯相互對位，那麼「奴化」的語境勢必會為了要滿足與主權交媾後的目的，而通過控制調節一系列價值實踐的總量，讓台灣曾遭受過的歷史經驗必須藉著主權的詮釋來調整自身，進而一再剔除了台灣歷史與文化的差異性。

但是，何時對於歷史的理解又必須納進「最經濟」的範疇內來加以認識？如果，這僅是唯一認識的可能，那在這種調整而換取等值的背後，主權老早就將歷史的理解轉納進一種利潤生產的模式，繼而企圖生產著主權自身的效益。屆時，這主權就必須開始向我們說話，它必須提出它對於我們的佔有與

生產，並且在佔有的過程中巧詐地封閉其他理解的向度，這也是構成理解僅能在主權的架構中獲得意義的原由。但這是理解嗎？還是藉著主權的禁令而不再理解呢？當主權效益一再催促我們的同時，它卻經由暴力的意識表述著自身既爲焦慮卻又積極症狀，它的目的並非在指出台灣同胞有「精神改造」的必要，而是意圖強調國府主權「有能力」辨認文化現象的「奴化」樣態，好讓主權擁有足夠的能力，在自身效益的轉換下，隨時迎接各種最「科學」、「最經濟」的安插、制定與建構，並且得以一再地的生產與佔有。或許我們可以說，就理解文化的意義上，「奴化」與「中國化」背後所帶動的複雜歷史，其實不必然要成爲對立的樣貌；可是，在主權的邏輯上，這組論述本質的化約卻預設了政治操演中最爲完善的意涵。特別是這樣的改造論述在主權有計畫的吸收下，不但順理成章地將台灣同胞的精神樣態加以「病體化」，而且當所謂「中國化」中的「訂製」與主權需要的「訂製」邏輯進一步結合時，它洩露的就是主權在政治操作的利益上急速與迫切的索求。

　　毫無疑問，就「奴化」與「中國化」討論過程中，我們可以隱約的察覺在「奴化」與「中國化」的中間，介入了某種主權既隱晦卻又本質的認識概念。此一認識，使得國府初期對於台灣文化的思考，怪異地淪爲官方「訂製」與「清除」的討論，而主權本身的暴力，卻在「中國化」的訂製裡一再地脫逸、隱匿。我們必須認眞思索正是這種脫逸。也惟有進入主權本身的邏輯，我們才有可能不斷探問：「奴化」與「中國化」在主權的操作下，如何一再地經由隱匿完成自身？它又如何調動自身弔詭的實踐動力？而這種文化邏輯又如何複製自身同質性的主權樣態，並不斷地對台灣的歷史文化進行趨同的逼求？

貳、主權的趨同與別除──傀儡尫仔 vs 黨化思想的引渡

　　同樣是希望藉著去「奴化」的方式來達成「中國化」的訴求，國民黨省黨部的執行委員李翼中針對於許壽裳所推行的國民性改革，卻提出了不同的看法，他認爲，

> 台灣文化運動工作仍然是缺乏一個領導中心，這不是說台灣的文化
> 運動要加以統制式的領導，而是說當前努力於文化運動的工作者，
> 沒有一個系統、合理的、一貫的努力方向，也就是說當前努力於文
> 化運動的工作部分中，仍然存留著紛歧錯雜的思想。我們必須要使
> 台灣的文化運動能夠配合建設三民主義新台灣的偉大任務，必須使

> 三民主義能夠成爲領導台灣文化運動的最高原則，望著三民主義的
> 最後目標，來致力於台灣文化運動，這就是我們所謂建立台灣文化
> 運動領導中心的意義。〔註21〕

在這時候，台灣文化統合的官方機構仍然是以教育處爲主要的裁決機關，〔註22〕基本上它仍然受到內地教育部的管理。當時台灣教育接收是由台灣省教育處第三科負責，〔註23〕在接收過程中除了清理教育款產與師資增選之外，最重的目的就是配合「三民主義的原則」〔註24〕施行教育計畫，在《一年來之教育》中就曾經曾經指出：

> 最後我們再來談談本省今後實施國民教育的重心，這點當局曾經提
> 出「力謀語文教育的普及」「與積極灌輸三民主義的思想」兩點現在
> 加以闡述：
>
> （一）力謀國語教育的普及：語言的統一，是立國的一個基本原則，
> 　　　要語文統一，才能獲得政令統一。……（略）
>
> （二）積極灌輸三民主義的思想：台灣淪陷了五十一年，台胞在日
> 　　　本帝國主義思想積極灌輸之下，思想上不無發生了若干的變
> 　　　化。……所以本省今後的國民教育，應積極從事心理建設，
> 　　　灌輸三民主義的新思想使台胞重新認識中華民族的眞精神，
> 　　　爲中華民國的大國民。〔註25〕

而這樣的文化政策，我們更可以經由 1927 年南京國民政府的教育委員會曾頒行的《學校施行黨化教育辦法草案》中窺見其本質的精神脈絡，當時他們認爲：「我們所謂黨化教育就是在國民黨指導之下，把教育變成革命化和民眾化；換句話說，我們的教育方針要建築在國民黨的根本政策之上。國民黨的根本政策是三民主義、建國方略、建國大綱，和歷次全國代表大會的宣言和

〔註21〕 李翼中，〈對當前台灣的文化運動意見〉，《台灣新生報》，一九四六年七月二十八日。

〔註22〕 〈台灣行政長官組織條例〉中指出：第四條 台灣行政長官公署，設置左列各處：一、秘書處；二、民政處；三、教育處；四、財政處；五、農林處；六、工礦處；七交通處；八、警務處；九、會計處：《台灣省行政長官公報》，台灣省行政長官秘書處編輯是發行，1945 年 12 月 1 日，頁 1～2。

〔註23〕 《一年來之教育》，台灣行政長官公屬宣傳處發行，民國 35 年 11 月，頁 84。

〔註24〕 《一年來之教育》，台灣行政長官公屬宣傳處發行，民國 35 年 11 月，頁 84、91。

〔註25〕 《一年來之教育》，台灣行政長官公屬宣傳處發行，民國 35 年 11 月，頁 91。

決議案。」〔註26〕也就是說，對國民政府而言，教育成了宣傳三民主義的最佳管道，而此後更進一步成為藉由「黨義」變更學校課程、審查教材，檢查黨義教師資格等一系列的措施。〔註27〕而到了1938、1939年，國民黨一連串頒布《青年守則》（即國民黨的《黨員守則》）、《訓育綱要》，「目的是要嚴格控制學校教育，灌輸封建倫理道德思想和法西斯主義觀念，禁錮青年學生的思想，把學生訓練成盲目信仰三民主義，俯首帖耳地服從『一個領袖』的順民和奴隸，從而鞏固其封建的法西斯統治。」〔註28〕因此，這裡經由李翼中、教育公署與1938～39所呈現的論述，它們說明了國府初期為因應國家整體的需求，其展現的文化政策與1938～39所執行的文化政策，有著曖昧卻又密切的呼應。

故此，藉著歷史的連結，能有效彰顯出府初期的文化政策仍然帶著濃厚的黨化色彩。而且就在主權的運作下，它更促成了一套本質的文化認識與抽象的國家道德，並一再藉著這兩種邏輯的扣合來達成主權對於台灣文化的要求。但值得注意的也就是這樣的要求，尤其當它透過主權朝向利益驅動，它就必然從維持文化現象合法性的掌握轉變為主權展示自身的欲望。從國府接收初期的文化政策展開，它立即突顯出國府企圖經由三民主義的精神與國語運動的配套，來完善台灣文化的面貌。然而，就在此「中國化」的邏輯之下，它不但維繫了國府主權的政治體制，也釋放了以「中國化」為前提的文化樣貌。但這個「文化」的觀念，卻是經由主權價值先決挑選的文化樣式，它不必然包含著「台灣文化」差異的部份，而此「中國化」的釋放，反倒意味著將「合法」的文化身分加賦於台灣的認識之上。這也就意味著，在「中國化」的推展之下，它首先定義的是文化身分的「合法」概念，但「台灣文化」的差異詮釋，卻在如此運作的政治系譜中遭到剝奪，而被驅策為朝向「統一」

〔註26〕教育界消息：〈國民政府黨化教育之意義及其方案〉，《教育雜誌》19（8），1927.8，總頁30061；轉引鄭婉琪，《政治控制、教育管制與升學主義：歷史社會學的詮釋》，清華大學碩士論文，2002，頁62。
〔註27〕喻本伐、熊賢君，《中國教育史》，台北：師大書苑，1995，頁：702～703。
〔註28〕鄭登云，《中國近代教育史》，華東師範大學出版社，1994，頁370～371。在金觀濤與劉清峰更進一步指出，當時國民黨以三民主義儒家化來達成一種類似倫理中心的意識形態，但是由於它將家庭的本位的倫理意識，挪移至一個強調黨的集體主體意識，而導致三民主義出現類似「法西斯化」的傾向。（金觀濤，劉青峰，《開放中的變遷：再論中國社會的超穩定結構》，台北：風雲時代，1994，頁350）。

的抽象邏輯。於是，種種「三民主義」精神、國語能力的訓練，不但成爲國府在政治需求中再生產的基礎與前提，更使得這種需求滲透於政治意識形態之中而成爲普遍的存在。再者，就當這樣的普遍存在潛入到「中國化」律令的底層時，它則又一次完成了「文化身分」與「政治主權」間隱匿的雙重背叛。因爲，從殖民以描繪台灣的文化經驗，在國府「統一」的聲調中也僅剩下「奴化」的意義而已，但各種「中國化」與「三民主義」的實踐，卻成爲主權賦予台灣民眾——「文化身分」普遍的趨同功能。

　　從這種角度涉入，就不難理解「中國化」所執行的文化身分與主權的意識邏輯密不可分。在主權的運作下，國府企圖將台灣文化扭轉爲抽象空洞而具有合法效益的「中國化」樣貌，其目的就是要藉著「中國化的改造」來確保國府主權本質上的能力。而這裡，所謂的「中國化的改造」意味著國府首先必須塗改其台灣文化「異質」的部分，才能完成主權「統一」的政治單位。然而，針對如此的主權運作，當時在《新台灣》的作家江流（鍾理和）就以〈在全民教育聲中的新台灣教育問題〉暗示了台灣此時的黨化情況，他指出，

　　　　當前新台灣的教育問題，並非「可能」與「不可能」之點，而將是
　　　　在教育當局之誠，與被教育者之誠的程度與態度而求其出路。以上
　　　　所言，並不是抹殺新台灣教育問題的迫切性與其尖銳性，而是說明：
　　　　一，此問題不像一般所想像的是一件極其艱難的工作，其困難是可
　　　　由人力可以克服的；二，新台灣的教育問題與其說是特異性的，毋
　　　　寧說是一般性的。也是高呼並且氾濫於全國上下全民教育的全國性
　　　　問題，而非地方性的問題，雖吾人不能否認它目下所呈現的特殊性
　　　　格。然而祖國如能特別關心，並且獨優於台灣的教育時，則筆者以
　　　　台灣人的立場，是無任何歡迎的。〔註29〕

在這裡，鍾理和企圖表明，某種普同性與排除的暴力本質地存在於文化政策執行的過程中。他認爲在國府主權形式的脅持下，文化政策早就成爲國家主權的附庸，其針對台灣「奴化」的貶抑，所突顯的僅是國家主權就文化趨同過程中剔除的暴力問題，而並非是台灣文化差異性的特殊問題。鍾理和經由中國整體的觀察，他發現這種主權約減文化形式朝向統一的宰制，不但說明

〔註29〕江流（鍾理和），〈在全民教育聲中的新台灣教育問題〉，《新台灣》第四期，
　　　　原出版社新台灣雜誌社（台灣舊雜誌覆刻系列），民三十五年五月一日出版，
　　　　頁5。

了國府主權形式普遍性的暴力，更說明文化政策在台灣以主權價值爲依歸的操作並非僅是台灣一地而已。也就是說，在國家意識的操作下，文化的趨同與主權自身排除的邏輯，成爲主權維繫自身張力的平衡支點，而此種平衡的暴力傾洩在國府初期的文化社會中，它就呈現主權的普遍價值勢必超越社會與文化，凌駕社會與文化就主權的約束，進而完成國家主權本質的欲望。

　　另一方面，《新華日報》就曾經以〈青年教育與思想問題〉〔註30〕一文直接地陳指國府文化政策本質的樣貌，

> 這並不是「統一思想」，而是「消滅思想」，「它使一切人民化爲工具，化爲猛獸。這是人類文化的叛逆，爲害於人民，更爲害於世界。」……「思想統制」與「思想貫通」是不能相容的。……結果不是思想統一而是思想消滅、智慧消滅，統一於愚；……法西斯（不論它穿的衫是黑色也罷，褐色也罷，或其它任何顏色也罷，都沒兩樣）的教育者，首先是把受教育者當作一群木偶看，而自己則充當著耍木偶戲的人；他兩手拉住一群木偶頭上的線，就可以爲所欲爲了。因此，在法西斯教育政策之下，教育者和受教育者的關係，是主與奴的關係。……主與奴的關係，在民主國家的任何一個領域內都絕無存在的餘地，何況乎在神聖的教育園地內？

此處，「文化」經由主權統一樣態的置換，它指涉的也僅是文化面貌的滯怠。當文化本身的複雜性被主權同質的聲納所取代時，它就也僅能夠一再地複製主權本身的意志，而淪爲在主權操控下所產生的傀儡。因此，國府對於「統一」文化的操作，也就意味著消滅文化本身的異質性，進而讓文化合乎於國家意志的標準，以達成文化純化的目的。

　　而《橋》副刊的作家朱實卻進一步認爲，「中國化」所操作的殖民／反殖民、奴化／反奴化不過是一種二元邏輯的認識，在這樣的認識之下兩造之間都成了對方相互排斥的基礎，而此種聯立結構的過程必定無法見容任何一個中間變項的介入，他提醒我們，

> 我們並不是對日語尚在戀戀不捨，可是我們不可忘記，過去五十年間台灣是在異族的統治下。因而在這過渡時期，本省的青年在文學上還使用日文是出於不得已的。我們想問在學國語以前是不是一定

〔註30〕〈青年教育與思想問題〉，《新華日報》，1944 年 6 月 25 日；收於《歷史的先聲》，汕頭大學出版，1999，頁 207～212。

要保持沉默？而無權過問文學呢？……我們對過去日本帝國的殖民
政策，實在痛恨入骨，但侵略者竟自溺於水。然而日本在過去半世
紀無論產業、交通、衛生、建築工程都有相當的成就，這是不能否
認的。因而我們需要對日本所遺留下來的文化加以分析，這絕不是
對帝國主義的追慕。〔註31〕

究竟是什麼抵制了追問、抵制了討論？歷經日本、國府兩種不同政體，探索
與追問的取消，成了作者質疑的起點。一昧的從殖民現代性的角度認識台灣
的歷史，難道就不是刻意忽視這種「認識」背後所擁有的政治企圖，進而使
台灣殖民文化淪為一種它者——「奴化」的等級想像。沿著這樣的思考，在
面對殖民政策中的現代性問題，「中國化」就形成了某種保護的介質，保護著
台灣文化在主權的規劃下不再受到「奴化」——殖民文化的干擾。但是，這
裡朱實卻提醒我們，所謂「奴化」它既非符號、亦非物質，它是台灣文化在
歷史推進中最為真實的經歷，它是台灣在歷史處境中最為切近的體驗。而面
對這樣的台灣歷史，朱實認為我們不是要否認、或遮蔽，但卻是「要對日本
所遺留下來的文化加以分析」並且不斷的面對與對話，也惟有如此台灣才能
夠跨越主權所賦予的結構而進一步的思考。

　　從此處的討論不難發現，當國府以國家意識展開「中國化」的同時，其
實所運作的是一種極為快速的抑制作用，它不但使台灣文化的殖民歷史與生
活習慣粗暴地被驅逐於社會文化的範疇之外，更進一步藉著既為隱匿又為嚴
厲的雙重樣式，為台灣建立出「中國化」的身分姿態。但是，這樣的姿態，
其實展現著褫權的樣貌。尤其，是在黨部與國府的詮釋之下，「中國化」產生
某種自然的召喚作用，它一方面使台灣社會自發的產生趨同於「中國化」的
欲望形式，並讓「奴化」與「中國化」間的對立能合理化的被接受，更甚是
再一次融合在「國家大義」的前提之下。而另一方面，國府的政治結構則是
積極地提供這種驅同的各種推力，進而使各種統一、合理、一貫等序列措施，
能陸續展開。不過，朱實等人的論點卻提醒我們，台灣「殖民（奴化）」的文
化形式不必然要擱置在「奴性」的樣態下被認識。在台灣歷史的進程裡，殖
民是台灣文化難以迴避的文化經驗，如果無法認真的介入與討論，甚至僅是
一再以主權的利益加以交割，那對台灣自身的認識勢必形成歷史的盲點，而

〔註31〕朱實，〈本省作者的努力與希望〉，《橋》副刊 1948.4.23。

使得台灣過去的歷史、文化經驗也無法被反省與理解。於是，就在這種種相互撞擊的論點裡，它隱喻著主權在國府初期的文化社會中承擔起某種接連的架構，它讓「中國化」與「奴化」的世界可以彼此相互的交錯、彼此的指認。所謂台灣的殖民歷史──其實不應該以「奴化」與「中國化」構圖為辨認的光譜，尤其在台灣歷史的情境中它可追溯回自身富有積極性的多樣姿態。但如果僅能以主權的基底涉入，那麼藉由主權架構出的一切信條，它不僅能以「奴化」指稱的姿態呈現，更能在文化差異指稱的過程中安插一組辨識的價值判斷。「中國化」的象徵意義，不過是把文化、歷史的差異經驗對立地把握成主權屬己的判別索引，讓台灣的歷史轉譯為某種「奴化」墮落的表象，擔心著「中國化」的救贖。

　　從這個意義上展開，我們可以發現主權為了自身的產製除必須強化「中國化」合理的壓迫，它還得動員各種政治資源使役人民。當時國府為了防堵日本文化的思想樣貌，於是禁止民眾閱讀日治時期各種有害國府的作品，宣傳委員會就曾經指出，

> 本省光復後，本會為肅清日本人在思想上之遺毒起見，特訂定取締
> 違禁圖書辦法八條，公告全省各書店，書攤，對于違禁圖書應自行
> 檢查封存聽候處理，並由署令各縣市政府遵照辦理，至於台北市部
> 分，則由本會會同警務處及憲兵團檢查，計有違禁圖書八百三十六
> 種，七千三百餘冊，除一部份由本會留作參考外，餘均焚毀，其他
> 各縣市報告處理違禁圖書經過者，計有台中市，花蓮，屏東，高雄，
> 台南，彰化，基隆，等七縣市，焚毀書籍，約一萬餘冊。〔註32〕

在新聞發佈上，更是統一口徑以收新聞控管之效，並且明令廢止新聞報紙日文版面：

> 本省各項重要政聞，均由本會逐日編撰發送各報，通訊社，廣播電
> 台刊載播送，同時並譯成英文，送美國新聞處閱讀，該項新聞，本
> 會每週約編發五十件左右，此外，並每週編印「台灣通訊錄」一種，
> 分寄首都各院部會各省市政府，各報社，通訊社，參考及刊載。
>
> 本署前以台灣人受日人統治達五十年，大部分台胞，均未諳本國文
> 字，故暫准新聞紙雜誌附刊日文版，此種措施，原為一時權宜之計，

〔註32〕《台灣一年之宣傳》，台灣行政長官公署宣傳委員會發行，民三十五年十二月，頁24～25。

嗣以本省光復，已屆週年，本會爲執行國策，推行本國語起見，特
公告自本年十月二十五日起，廢除本省境內所有新聞紙雜誌附刊之
日文版，經公告並敕署電各縣市政府遵照去後，嗣據各縣市政府報
告，謂本省境內已無新聞報紙雜誌附刊之日文版矣。〔註33〕

這裡，長官公署一方面箝制新聞〔註34〕的流通、壓抑日本殖民時期的文化思想，
斷絕台民對日文的使用，而另一方面，更迅速地以高壓政治想擴增中國化的精
神想像。此處，在長官公署政治官僚的掌控下，它將主權意識體現在兩種層次，
其一是各種抽象價值、意識形態的範疇，而再來，則是藉由此價值概念，所構
築的檢查技術程序。此時，國府的宣傳、新聞、警察、憲兵團，甚至是縣市政
府，都在主權意識的運轉下複雜而微妙的相互聯繫。這種種對台灣殖民文化的
箝制與思想高壓的管控，它所突顯的是國府主權的形成勢必實體化爲一組道德
實踐與規範化的執行過程，從而這「中國化」的意識形態與國府的主權意識，
就須經由科層常規化的轉換加以陳述。但這些話語，不僅與其抽象的象徵價值
相互結合，更與其權力、規範的技術結構彼此配套，如此才使得「中國化」的
規範倫理，成爲支撐技術正當化、合理化的重要元素。

　　這些話語模式，我們可以在國府初期的教育涉入中清楚的辨識。就在1945
年之後，行政長官公署教育處不僅涉及了教育訓練、人才徵選考試、國語運
動推行與教材選擇供應，而教育處更成爲其他教育機關輔導視察的決策單
位。〔註35〕這時教育處不但藉由當時國民黨分布在台灣全省各地的黨部關係
組織三民主義青年團，以集會、演講等等文化性活動來宣揚三民主義，〔註36〕

〔註33〕　《台灣一年之宣傳》，台灣行政長官公署宣傳委員會發行，民三十五年十二
　　　　　月，頁33～34。
〔註34〕　依照1945年10月11日所制定的『宣傳委員會組織章程』中所規定，宣傳委員
　　　　　會是台灣地區報業的直屬主管。至於實際的管理工作，則以國民政府1937年7
　　　　　月8日所修正公佈的『出版法』共七章五十四條爲依據。其中第八條：出版品
　　　　　於發行時，應由發行人分別呈繳下列機關各一份：一、內政部；二、中央宣傳
　　　　　部；三、地方主管官署；四、國立圖書館及立法院。第二十一條：出版品不得
　　　　　爲下列各款言論或宣傳之記載：一、意圖破壞中國國民黨或違背三民主義　二、
　　　　　意圖顛覆國民政府或損害中華民國利益者　三、意圖破壞公共秩序者。
〔註35〕　〈教育處工作報告〉，《台灣省行政長官公署施政報告》，台灣省行政長官公署
　　　　　編，中華民國三十五年十二月，頁87～99。
〔註36〕　伊藤金次郎，《台灣欺かざるの記》，一九四八年三月，明倫閣，頁201～202；
　　　　　轉引自黃英哲，〈魯迅思想在台灣的傳播（1945～49）〉，《認同與國家》，中央
　　　　　近研究院近代史研究所，八十三年六月，頁318。

它更進一步在教育的層面上進行國民黨黨化教育的收編工作。在《台灣省教育概況》一書中就曾經指出，台灣的教育工作必須從「語言與思想（主義）」兩個層面著手，它明白的點出「我們今後要積極灌輸與培養的乃是現代中國的三民主義思想」，而「我們的教育宗旨，就是根據三民主義而來。」〔註37〕因此，國府便依據〈台灣接管計畫〉的規定來訓練國府所需的收復人員，在計畫中明示「設置省訓練團、縣訓練所，分別訓練公教人員、技術人員及管理人員，並在各級學校開辦成人班、婦女班、普及國民訓練，以灌輸民族意識及本黨主義。」〔註38〕公署並於 1945 年 12 月 10 日進一步成立「台灣省行政幹部訓練團」，以培養地方基層幹部，積極灌輸其黨化思想。〔註39〕組織由陳儀兼任團主任，其下設置教育長管理團內事務，並且分設教務處、訓導處、總務處、指導處、會計室及軍訓總隊等單位，以信仰「三民主義」為該團教育的核心目標，並強調「凡總理遺教、總裁言行、本國史地，及世界各國現勢，暨一切重要建國法令」為精神教育課程。〔註40〕亦設國民黨「區分部」及「分區部」，成為團內黨務系統組織。〔註41〕就在這種種的施政之下，陳儀更於地方行政幹部的演講上指出，「關於三民主義我想各位已經聽得很多，也許各位都已經有一個概念，……不過你們要知道三民主義的偉大，已經在這次抗戰中發生很大的力量。」〔註42〕爾後，公署宣傳委員還進一步翻印《三民主義》五千冊，《建國方略》三千冊，《總裁言論選集》第一集及第二集各三千冊，而且將三民主義譯成日文，印十萬冊。這些書籍，都分贈各學校機關團體，以及省訓團學員，或廉價出售。〔註43〕從此，黨國體制便挾帶著《三民主義》為權力建構的腳本，隆重的搬上台灣舞台。

〔註37〕《台灣省教育概況》，台灣省行政長官公署教育處編印，民國 35.5，頁 72～73。

〔註38〕〈台灣接管計畫綱要〉，《光復台灣之籌劃與受降接受》，中國現代史料編叢 第四集，台北市：中國國民黨中央委員會黨史委員會，1990.6.30，頁 115。

〔註39〕台灣新報社叢書編纂委員會，《民國三十六年度台灣年鑑》，台北：台灣新生報社，1947.6，頁.K75。

〔註40〕台灣新報社叢書編纂委員會，《民國三十六年度台灣年鑑》，台北：台灣新生報社，1947.6，頁.K78。

〔註41〕台灣新報社叢書編纂委員會，《民國三十六年度台灣年鑑》，台北：台灣新生報社，1947.6，頁.K83。

〔註42〕陳儀，〈三民主義的精義〉，《台灣省地方行政幹部訓練團團刊》，第一卷第一期，1946 年 3 月 1 日，頁 1。

〔註43〕《台灣一年之宣傳》，民三十五年十二月，台灣行政長官公署宣傳委員會發行，頁 21～23。

　　這時，國府經由教育、媒體、人員訓練等方式，執行著「中國化」的改造計畫，並進一步對社會關係及社會身分進行更全面的道德化。然而，我們可以觀察到的是，台灣人的「奴化」論述已經從抽象的價值關係、歷史條件，被實踐在政治排除的操作領域中。它不僅呈現出國民政府對台灣回歸「國民身體」的政治要求，更呈現出這「身體要求」被無數的政治技術給中介與穿透。這意味著，此種抽象的主權道德，企圖藉著文化社會的交錯滲透著自身固化的價值辨別，而這些價值辨識，卻能對台灣文化施以既嚴格又矛盾的價值要求。更重要的是，這看似國家體制對社會文化的宰制，其實闡明了主權意識在其表象內自我凹陷的複製。它不但可以在文化場域內藉由各種型態表現出來，更可以進一步打造主權主觀的認同範疇，再次設定社會文化的邊界以排除文化差異的樣態，同時從意識上強化「中國化」、三民主義、國語等等文化特徵。在這種脈絡的理解下，由國府所執行的「中國化」，說穿了僅是藉由宣傳、三民主義與文化政策來達到黨國機器所量身訂製的趨同意識罷了。其目的充其量不過是，為了想將國家主權的意志有效地接枝在個人對主權的屈服上，進而使不同的個體生命被「抽象」化，並強力地將其組織成提供效益性服務的程序環節。透過這樣的價值邏輯，讓台灣人不但成為國府——台灣欲建構的主體，也是國府——台灣所建構的客體，而這些主客關係間可能的轉換，卻都必須收攏在國府規劃的道德精神價值之下。

　　所以，經由這樣的推展我們可以發現，主權機制——往往是藉著一些「價值」的篩選、塗銷、編撰和改寫，而乃至於就是模塑出一道核定的文化本質，好由內凝聚群體以對外辨識他我差序的邊界。依照這凝聚的邏輯推演，顯而易見的是，三民主義也不過是標示了主權的價值；但重要的是，此價值卻鑲嵌著主權對於文化身分的認可，而這認可得執行，卻是讓台灣「奴化」的歷史成為主權意義下的禁令。於是，「奴化」與「中國化」成了主權自身的雙重羈絆。因為，「奴化」以文化禁令而體現，並不表示「奴化」真的曾經發生，僅表示某些文化的樣態它被禁止，它成了自身的禁地。但這樣的作用，卻讓台灣文化置於價值化的矛盾之中從而禁止自己，反對自己。另一方面，台灣在國府的操作中又不必然與主權發生關係，或是說，僅能經由「中國化」的中介來保持關係。但是，這「中國化」是為誰？是什麼？在哪？為何要以「奴化」為基底的方式表現？如果，我們無法保持自身的魯鈍，我們就能發現三民主義之於「中國化」，其實意味著主權對於台灣文化的再次剪裁。尤其，在

國家主權邏輯的作用下，黨國、三民主義、文化身分就淪為相互連結趨於同一的系統，而「中國化」的目標，也就在這同一系統的驅動下，企圖達成主權對於台灣的欲求。因此，經由主權動員的樣態進一步觀察，能察覺到的是國府初期的政治意識普遍滲透在社會文化之中，而所謂的「中國化」政策，並不單純意味著將台灣文化的差異貶抑為毫無意義的「奴化」樣貌，相對地，它卻隱喻了在國府高度政治活動與前置欲望的作用下，國家主權穿透了整個社會對於文化認識的分配。此分配不但構築了當時台灣文化在政治結構中的額份，也使得「中國化」成為一種文化產製，並有效的突顯整個政治意志經由教育、媒體、人員訓練，對社會文化一連串總體化的驅同過程。這使得國府就台灣的理解，只能藉著嚴苛的索求封閉在扭曲的認識上，而所謂的「中國化」，不過是洩露了主權在國府操演中既為刺目又為瞻妄超額的樣態。

但是，假設「中國化」是暗示當時台灣在政治、文化上，面臨一個社會契約屈從到宰制的過程。那它企圖表述的，就是台灣人在身體的場域中，如何淪為政治角力的場域。然而，這真的是一場主權「角力」的展現嗎？還是說，根本談不上什麼「角力」。因為，在國府主權那裡，台灣文化的異質經驗早就被先驗地擱置，而這使得「中國化」的訂製與趨同，能在主權的意義下迅速展開。1945～1949 年，台灣文化場域「中國化」的執行，它在主權邏輯的範疇下，是一次常態化決斷例外狀態分界點的前哨。往後朝向主權效益的各種環節，也不過是作為主權這一道先驗的擱置，所體現的一系列執行程序而已。但主權的擱置，它究竟意味著什麼，而它又如何被論斷與執行？下面，透過梳理國府就語言問題的設想，我們將看到主權實踐擱置邏輯的側面。

參、「中國化（話）」的隱喻——擱置地取消

在「中國化」的邏輯中，我們看到了主權藉著「中國化」自身的決斷，使台灣在文化社會中產生了自身的切割，這種切割承載著主權本質的欲望，而呢喃召喚著趨同的囈語。但是，這囈語除了執行趨同本質的迫切外，可以發現的是，在趨同的背後隱含著主權對於台灣文化本然的——擱置。首先，考察陳儀抵台後，在一九四五年第一次台省國父紀念週上〈對台施政方針〉的演講，就曾經指出其施政分為積極與消極兩方面，消極方面在解除人民痛苦，積極方面在增進人民福利，而增進人民福利的首要工作便在於「增加台灣同胞教育及服務機會」，他說，

> 日本統治台灣是用愚民政策，不許台胞受高等教育，不許台胞做高
> 級公務員，……這是很不對的，現在各機關多數人員都是日本人多。
> 這不是台胞不行，是日本限制台胞使然。我在福建時，主張教育機
> 會平等，工作機會平等，現在對於台灣，亦要實行這個主張。一面
> 增加台胞受教育的機會，高等教育尤其要增加學生。一方面對於高
> 級人員，以前不准台胞充任的，以後在勝任的條件之下，儘量給台
> 胞擔任的機會。〔註44〕

這裡，陳儀對於台灣的施政，似乎具有善意，尤其希望能夠在教育、工作的
平等機會下，廣為增用台省同胞。但另一方面，從言論的細緻處展開，可以
發現陳儀的論述是頗具有政策性的宣示意味，這樣的宣示並不代表著對於台
省同胞的平等看待，相對地，他仍然是站在某種高處的姿態暗示：台灣同胞
「以後在勝任的條件之下，儘量給台胞擔任的機會」。他在 1946 年的記者招
待會上也曾進一步指出，

> 為建設中國的台灣，首先要使本省人學習國語國文，現在要施行縣
> 市長民選，施行危險得很，可能變作台灣的台灣，現在公務人員中
> 四分之三約三萬人是台胞，其中兩萬人將在明年中使他們學習國語
> 國文。〔註45〕

此處，陳儀的論點首先明確的陳指，台灣在還無法精準使用「國語」的同時，
賦予其政治上的自治能力，只會讓台灣「變作台灣的台灣」，而不是「建設中
國的台灣」。我們不必諱言，在陳儀所操作的「國語」構連，本質上維繫著主
權國家的意識形態，他企圖藉著「國語」的引入再一次將台灣的社會文化給
格式化。也因此，國語，不再是溝通的工具，在政治的配套下，它隱含著思
想、判斷種種的價值意涵。這種價值，在語言的結構中它自我展開了一系列
的邏輯系譜；我們可以想像，當語言成為政治判斷工具的當下，此時還無法
使用國語的台灣民眾將陷進何種的窘態？其實，「語言」的問題，從不只關係
到「語言」，而是根本的關係到「語言」的邏格斯（logos），當語言被「說」
出時，本質上就隱含著「呈現」與「隱退」的雙重悖論。只要不對這悖論進
行反省，那在政治刻意、或無意識的操作下，它就會轉身凌厲地擱置

〔註44〕陳儀，〈對台灣的施政方針〉，《陳長官治台言論集》第一輯（台北，台灣省行
　　　政長官公署宣傳委員會，民國35年5月出版），頁1～2。

〔註45〕陳儀，〈陳儀答記者問〉，上海大公報，1946.11.25；轉引自〈光復初期的語言
　　　問題〉，許雪姬，《思與言》第二十九卷四期1991.12，頁174。

（suspension）不同生命中曾有的生活、文化與記憶的痕跡，進而使這些生命經驗在政治語言的結構下，淪為被凝視與割除的對象。

　　透過這樣的角度進入就不難理解，這種語言與政治對位的過程，幻化著國家對語言意識本質的召喚。《台灣新生報》〈加緊學習國語國文〉一文中，就再一次將「我們的國家」接枝於語言的使用上，而使國語的意義溢滿著國家情緒的熱切，他說，

> ……我們知道亡人國者，必先亡其文字。過去日本帝國主義統治本省五十年，在推行日語日文方面，的確收獲了相當的效果。其目的原在徹底消滅我國語言文字，使本省同胞在不知不覺之間成為日本化的「皇民」，這種手段，是非常毒辣的。……現在台灣光復，台胞都是中國人，如果相互談話通信，還是不用本國語言文，繼續使用日本語文，那是充分表示民族精神的墮落，千萬要不得的。國父說過：「我們要恢復民族的地位，便先要恢復民族的精神。」……那麼，對於國語國文應該加緊學習，日語日文之應該加以摒棄。〔註46〕

以「我國」貫穿縫合全文，先不論作者在文中許多歷史的錯置，而其論述突顯的是，國府初期「國語」的操演總夾雜著政治目的，在執行的層次上語言它已經溢出了自身的範疇，成為認同國家、承接民族意識的手段工具。因此，在這裡國語調動著某種邏輯，它藉著國語運動的操作，為台灣殖民的歷史提供了『皇民』墮落的價值樣態，進而迫切的需要「國語」運動的介入來提昇台灣精神上的失落。但究竟怎樣的失落，需要以完整「摒棄」的姿態來切割台灣歷史的理解？而這種切割本質上又意味著什麼？在這裡，國府對於台灣殖民文化的「摒棄」，其實充斥著主權自身先驗且具價值判斷的意圖。因為，在主權的認識下，它無法承認此「我國」本身的不連續，它也無法承認近代中國與台灣都曾經歷了現代性及與殖民話語的相似處境，而這「語言」的操作，除了割裂地擱置了台灣抵抗殖民的經驗之外，更使得台灣殖民歷史的複雜性無法被重新思考，或是只能藉「皇民化」的「墮落」加以認識。一旦經由國家意志的催化，這種以國語運動所展開的文化政策，承諾的也不過是主權自身的價值。它企圖藉此壓抑台灣歷史的記憶與痕跡，舉證台灣的殖民經驗是「主權」認識中無法承受的例外，僅能成為「為建設中國的台灣」過程中必須「摒棄」的異質經驗。

〔註46〕〈加緊學習國語國文〉，《台灣新生報》，1946.12.4。

　　但就在國府有意的推動下，國語與政治間的聯繫成了社會普遍的意識，而國家的利益與規則，也因此成爲無法辯駁的政治正確。當時《台灣新生報》〈屬行國語普及〉的社論中，就曾經指出，

> 中國國民黨政□第十三條「例行教育普及」，本省教育，以國語——祖國語——爲第一位，我在本報上已經說過，因此，本省教育政策應當首說「屬行國語普及」。此地所謂「屬行」二字，便是「雷屬風行」的意思。……因此，如果一旦在各種公文上即易日本文爲中文，則室碍很多，……什麼叫做「效率」所謂「效率」，就是說「以最少的勞力去獲得最大的效果」之義。……要屬行國語普及，則非先禁止使用日本語和日本文不可。……這就是說「用最短的期間謀國語之普及去促進行政之進展與效果」的意思。原來所謂「屬行」就是「效率」之手段，換句話說，所謂「效率」，就是「屬行」之目的。因此，所謂「屬行國語普及」就是說「要達到行政有莫大效率這個目的」的意思。〔註47〕

如同我們曾經討論過的，主權經由同質化的運作而達成自身的效益邏輯。而此處，「國語」運動的推展，原本應涵納更多豐富的文化詮釋，但是在「中國化」的聲浪下，「國語」卻僅能以「效率」來證明自身，以致於讓「國語」淪爲政治效益的中介。不過，此處我強調的是，就在國府以「國語」來接連台灣社會文化的同時，此處的「國語」除了被申論爲認同國家的機制外，它更隱匿著自身對於國家編制的邏輯規則。此規則，不但從轉化中引導出「中國化」的主權效益，也再一次藉著規則自身的隱匿，而提供了禁令台灣殖民經驗的合法依據。也就是在這種雙重悖論中，「國語」在行政規則的簇擁下完成了主權自身的幻夢，並藉著國家利益的安置，打造出「國語」本身最有效益的姿態，以對台灣文化的詮釋進一步的佔有。操作上，它使得「國語」與文化發生關係，並提供「屬行」全然的「普及」關係，而這卻讓任何「國語」與「台灣殖民文化」的意義，僅能在此關係中完全消溶並獲得完滿的解釋。

　　無法否認，在主權意識的操作下，「國語」勢必淪爲主權效益所交換的籌碼，尤其是當國府在面對台灣殖民的異質文化時，「國語」就在主權的運作中成爲割裂台灣而證得自身的手段。從「國語」的角度探究，在主權的作用下，「國語」提供某種文化上的規則，它使得台灣異質文化的討論在「國語」的

〔註47〕姜琦，〈屬行國語普及〉，《新生報》，1946.1.4。

價值之處被先驗的決定，並執行著文化一種既為柔軟卻又恐怖的擱置
（suspension）意像。也就是說，當「國語」成為主權的邏輯效益時，它本質
是一套文化擱置作用的執行。此種擱置，在國府的操作中，不但將台灣的殖
民文化轉譯為一種例外（exception），它更藉著「國語」運動的推展來鞏固這
例外的認識。於是，台灣文化在國府主權的操作下發生了一種曖昧的關係，
它除了執行著對台灣文化的扣除，還藉著這種扣除與台灣文化發生關係，且
一再地提供關係、保持關係，而使得「國語」就台灣文化的擱置，首度成為
某種規則並不斷地自我演繹。就在這意義下，「中國化」隱身於「國語」的執
行，它意味著「國語」提供了主權某種推離的場域，它導致台灣殖民文化在
主權既吸納又推離的動態中，保持著主權對台灣「奴化」詮釋的認識。也因
此，「國語」之於台灣的殖民經驗，並非僅是意味著「摒棄」的樣態，而是在
「國語」有效的語境內，提供了「奴化」有效的辨識場域。所有「奴化」的
鑑別，都必須引導至「國語」的面前加以宣判。故此，台灣的日治經驗在主
權操作的過程中，並不只是「墮落」的意像，而是早已是「墮落」的意象。
這樣的「墮落」，非但提供各種「雷厲風行」、「摒棄」、「危險」能夠執行的空
間，它也使得這種執行在主權的範圍中獲得全然地詮釋與理解。

　　但是，「國語」又是什麼呢？或是說，「中國」僅有一種語言嗎？當時，
賴明弘就曾經以台灣話也是中國的地方方言而指出，

> 有人說，台省人要趕快學習國語、國文，才能暸解民族文化。這是
> 什麼理論？難道台灣話不是中國的地方方言之一嗎？試問廣東人講
> 廣東話，福建人講福建話，浙江人講浙江話，難道他們便不解民族
> 的精神與文化嗎？會說道地的「國語」的北京人，未必比較任何地
> 方的人更深切了解民族文化罷？再談國文一點，由地域與人口的密
> 度平均起來，台灣省懂中文的人數，未必比國內任何一省少。甚且
> 台省人懂國語的人相當多。其實，懂國語，懂國文，並不是什麼了
> 不起的大事；不過是枝葉問題而已。……我們堅決反對些以「不懂
> 國語，國文」為理由來對台省人加以威嚇的評論家等。〔註48〕

在這裡賴明弘藉由台灣方言的角度出發，企圖扭轉對於「國語」單一認識的
心態。他指出所謂的「國語」不該僅是單一的認識元素，內地各省的語言文

〔註48〕賴明弘，〈光復雜感〉，《新知識》，台中市中央書局發行（台灣舊雜誌覆刻系
　　　　列），民35.8.15，頁11。

化早就透露語言複雜且多樣的形態。因此，他認為以「國語」宣示的姿態涉
入，其實洩露的是主權對台灣方言刻意忽視的意圖。所以，賴明弘強調「國
語」不必然成為民族文化衡量的標準，而對於台灣文化的認識，如果不能置
放於多語的認識角度，那它也僅是突顯了主權意志威嚇的統治心態。此處，
從賴明弘的論點展開，不難發現「國語」在主權的配套下，轉動自身的欲望
進而統涉了台灣方言。台灣方言，總在還未開口前就被「國語」的價值一再
充填。僅有唯一的「國語」嗎？在這提問之下，「國語」瀰漫了某種企求，形
成了一種就「道地」文化、語言與歷史的相關模塑，它宛如一把能開啓統治
領域關鍵的鎖匙。隨著主權意識的作用，這種模塑與關鍵也就再一次聚合起
來，它讓自身變得和「國語」互為因果，並在追求「道地」語言的效應中不
斷擴散。

　　然而，對於「國語」所形成關鍵領域操作的批判，當時在《民報》〈國語
國文和自治能力〉的社論中就曾明確地指出，

> ……推行自治的最重要事項，並不只在語言，而是在于熱意和能力。
> 有沒有為國家為民族著想的熱情，是最根本的問題。……我們相信，
> 有政治眼光的人，斷不以語言文字為自治條件。那末，長官的說話，
> 可看作是要鼓勵台胞們提早學習國語國文的意思。但是這種的發
> 言，恐怕可能使一部份人們，藉口于國語國文能力，來抑止台灣人
> 辦政治。譬如中國化的問題，陳長官所說的是正當而且有進步性的，
> 但卻有一部份的人們，拿這個來做辯護自己惡劣行為的護符，所以
> 對國語國文和自治能力的問題，是不得不闡明它的意義。〔註49〕

在這裡，《民報》明確的指出「國語」不該成為某種政治性的條件。社論中認
為，使用「國語」應把握著鼓勵的原則，而並不是藉著「國語國文」的門檻，
限制台灣民眾能夠參與政治的能力。因此，社論中指出，如只是一昧將「國語」
能力辨認為台灣民眾能否參政的藉口，不過是為掩飾「國語」本身惡質的價值
意識。其實，社論的討論突顯了當時「國語」的操作，早就具備政治門檻的本
質性問題，它巧妙地變裝為某種文化身分的機制，暗自地進行篩選。這篩選在
「國語」執行的狀態下，它武斷地假設文化與語言有著一種必然的透明關係。
當然，這關係不必然是以「國語」的方式進行操作，而是它自身早就成為「前
置」的價值判斷，故而能夠不斷地往返、訴說各種價值辨識下的增值進程。

─────────────

〔註49〕　〈國語國文和自治能力〉，《民報》，1946.11.28。

　　透過賴明弘與民報社論的討論延展，「國語」如果僅能以一種主權樣態的方式加以執行，那麼這「國語」的本質就意味著遮蔽。特別是，當「國語」在主權運作的操作下，它就本質地掩蓋了其他文化意義出現的可能。「國語」——在主權的意義下，它成為一種召喚，它將整個國家的認同與統治的力道給召喚進來，並賦予它一種結構、某種場域，讓它得以在主權的架構下展現自身的潛勢（potentiality），一再擱置文化樣態中其他的意義。只能藉主權以「國語」表述的歷史，就意味著亡失。這種動用修辭、教育、道德迫使別人相信的力道，就如同調動起某種內置卻又扣除的格式化機制，而限制了文化中不同的歷史脈絡，並讓主權篡奪文化的複雜性以成就自身的偽稱。這也就說，其實根本沒有什麼「奴化」、「不奴化」的問題，而是台灣殖民文化本身，就是被意義所擱置的對象——也僅是如此認識而已。所以，在主權邏輯的調動下，國府本質的忽視、忽視它（otherness），當然也就不必承受任何道德上的罪惡。這忽視，也只不過是象徵著主權再一次透過某種政治異常假象的程序建構，來保證自身的持有與不受沾染的純粹。正也是如此，國府初期的文化政策使台灣的文化姿態，被迫以一種「否定」的形式來與主權相互聯繫，在它的身上我們不必然發現主權所烙印的標誌，但是，它卻一再經由主權的宣稱印證了殖民文化的異常性格，使台灣文化無法經複雜的脈絡理解，更甚不再被理解。但是，我們真僅有一種「國語」嗎？還是，從來就沒有「一種」國語？在賴明弘精準的提問下，「國語」本質化的算計，其實就意味著歷史自身的封閉。在語言中，其自身的封閉，使得意義難以被貼近及反省；而在歷史中，這封閉裂除了讓意義曖昧不明外，更隱喻了某種本質性外力的自動完成。或許，就在這意義閉鎖的背後，我們該這樣理解——從沒有「一種」國語、從沒有一種「國語」應該在文化的樣態中，不斷地對我們訴說，對我們訴說該有的樣態、該有的形式，以及運作起對我們的擱置與佔據。

　　但是，面對這種種深刻的反思，國府在無力跳脫主權意志的思考下，卻一再促逼人們朝向「中國化」的訂製前進。於是，在為了使「中國化」有效執行的前提下，國府藉著民國三十五年的鄉鎮民代、參政員與國民大會代表的選舉，〔註50〕再一次標榜著「地方自治」的口號展開了台灣首次的「公民訓練」。當時，《民報》社論〈公民訓練之意義〉一文中曾經指出，

〔註50〕〈民政處工作報告〉，《台灣省行政長官公署施政報告》，台灣省行政長官公署編，民35.12，頁13～17。

> 本省公民訓練，第一期業於雙十節在全省各縣市開始舉行。依照規
> 定，本省人民，每戶應指定二十歲至三十歲之男女一人參加，每一
> 村里或聯合二三村里設立公民訓練講堂一所，其訓練期間每期為兩
> 個月，每日受訓時間為兩小時。假定以本省人口一百萬戶計，預料
> 將有一百萬男女青年先後受訓。此項大規模且具有普遍性之訓練，
> 在全省史無前例，實屬創舉。〔註51〕

而其公民訓練的實際內容則包含了，

> 公民訓練講堂的課目，定為政治的與中國化兩大部門，前者如政令
> 的宣傳、四權之運用，後者如史地的認識、黨義的灌輸，詳細內容
> 列有十二項：（一）國語；（二）國父遺教；（三）總裁言論；（四）
> 新生活運動；（五）歷史、地理；（六）地方自治要義；（七）本省施
> 政概要；（八）時事講解；（九）法令講解；（十）體育；（十一）音
> 樂；（十二）其它，觀上列幾項教材內容，為一個公民最低限度所必
> 須認識的……〔註52〕

在這裡試著先從公民訓練的內容涉入，其訓練的設計突顯「國語」成為開啟
公民身分架構、序列的關鍵。就從「國語」、「國父遺教」、「總裁言論」……
等等思想的引導，它隱含著某種公民價值、某種精神的序列排比，這序列展
開的就是一國家公民的抽象姿態。不過，真是抽象嗎？似乎又不是。從公民
訓練的建置過程中，又可以察覺這種序列被穩定的安置在「大規模且具有普
遍性之訓練」之中，它透過社會、教育、政治的建構過程，不斷地涵養其公
民想像應有的面貌，並且將其安插在政治建構的手段之中。於是，這種種運
動的結果，就是使民眾淪為既是主權禁令的對象又是其未完成的對象，而所
謂的「公民身分」，也僅不過是通過「接受訓練」，達成取消與將完成的雙重
陷溺而已。

　　這也就是說，透過「公民訓練」並不象徵著身分自動、對等的轉換，但
卻象徵著「公民身分」與自身永遠保持著某種等距的遙遠，不斷地被拖延、
被延遲。此時，為了能夠參與省地方自治的理想，於是台省民眾便「積極踴

〔註51〕〈公民訓練之意義〉，《台灣新生報》，35.10.19。

〔註52〕何敏先，〈二百餘萬公民的再教育〉，《自治通訊》，第三期、四期合刊，民
　　　　35.11.30，頁9～10；收於《戰後台灣民主運動史料彙編（五）》，台北縣新店
　　　　市：國史館，民90〔2001〕，頁82。

躍」參與「公民宣誓登記工作」。〔註53〕《人民導報》就曾經刊載「本省公民登記獲百分之九十以上」〔註54〕。對應於台省同胞自治的熱情，國府卻有著不同的理解，當時李翼中在〈在革命建設中必先除去心理上的三害〉就曾指出，

> ……我們要求國家的強盛，就得實現國族的統一與團結。地方主義者不此之圖（按：原文）反而則主張地方分權造成地方特殊勢力，形成一種割據局面。……落伍的、反革命的地方主義的思想，決不是在中國所容許存在的。我們要實行三民主義，要實現民族主義理想。那末就要在心理上肅清「地方主義」的反動思想。〔註55〕

從文章中我們可以發現，國府對於地方自治仍然是採取保留的心態，其最終還是寄望以主權的化身──三民主義來介入地方自治的執行，這思考脈絡，李翼中在〈對當前台灣的文化運動的意見〉就更為清楚地表露，

> 我認為嚴屬執行台灣中國文字的復原運動，是當前文化運動中最主要的一項工作，……所以必須從小處著手，從小處開始，不讓有一絲一毫的空隙，存留著日化的氣氛，能夠這樣，台灣文化運動才能收到實在的效果。……並且以我們特具的民族形式為基準，來建立台灣的本位文化，使各種文化運動的部門工作，都能蓬勃的發展，能夠這樣，台灣的文化運動，才有成效，才能達到要求的境地。〔註56〕

在這裡，從李翼中申論的破碎處涉入，可以意識到其論點詭異的策劃著某種「公民」身分的想像概念，而這種想像身分的製作猶如某種無法叛逃的禁令，不斷地取消民眾自我的身體樣態。或許，當他說：「要」施行三民主義，那麼「就要」肅清「地方」主義反動思想的同時，其實，他暗示的是：你還不是，你不夠，你資格不符，所以你「就要」、你必須……。但是，什麼是「就要」？為何「就要」在文化、歷史差異之處，不斷地充填國家權力「要實現」的思想意志？為何「就要」？為何必須如此完成「實在的效果」？「就要」──而當說「就要」的同時，它是將某些個體拉扯進龐大「實在的效果」結構，進而逼迫著自身發覺永恆的欠缺──你真的「不夠」，因此你「就要」；但是

〔註53〕 〈審查公職候選人資格〉，《人民導報》，35.2.17。
〔註54〕 〈本省公民登記〉，《人民導報》，1946.2.23。
〔註55〕 李翼中，〈在革命建設中必先除去心理上的三害〉，《台灣新生報》，1946.8.18。
〔註56〕 李翼中，〈對當前台灣的文化運動的意見〉，《台灣新生報》，1946.7.28。

「就要」無法被滿足，「就要」也僅能以欠缺的姿態加以理解，它也僅能是永恆的欠缺。因為，不正是「就要」的毫不虧欠，才壟斷著永恆欠缺的命名？於是，回到李翼中的論點，在「就要」這裡擺置著某種透明的禁令——或許，就說是「中國化」禁令，它透過某些「基準」、某種「必須」、或是某種「本位」，而毫不負欠的承諾，不斷地擴展自身對於「就要」的欲望，這使得「就要」讓人無法靠近、甚至是「不能」靠近，進而讓民眾在這「就要」中無止盡的期待「復原」、扭曲及變形。

　　然而，究竟什麼是國語？究竟什麼是公民？而究竟公民與國語之間「就要」怎樣聯繫？究竟到底還有多少我們必須要繼續質疑的？如果，我們願意的話，我們勢必發現這組公民意義展開了某些反覆被挪用的體驗。或是，這樣說，此「公民」的意義才從皇民的身分中被挪移取用，這會兒「公民」的投影又在國府初期的聲浪中顯得義正嚴詞。但是誰又該是「公民」？誰又該對「主權」回應？誰又該在「主權」所規範的語言中被持有呢？或是，誰又看見了這這種身分轉變的快速與熱烈呢？1946 年《人民導報》〈台胞恢復國籍〉一文中曾描述著：「今我國於去年十月二十五日宣佈收復台灣，則原有中國國籍之台灣人民，自應同時恢復我國國籍。」〔註57〕很難想像，身分的轉變可以這樣快速。一次上百萬的人，在同時間、那個剎那轉移了身分，順應了主權的渴望。但是那之前的身分呢？那個生活、習慣，以及那些不太喜歡卻又相處許久的樣子呢？難道這些都應該否定，而當作都不曾發生？又甚是，為何總有一個組織化的系統，能以單位性的身分換算不同的主體？這裡，我們要思考的不僅是「公民」身分的問題，更也是主體的問題。我們有必要追問，在稍縱即逝的政治轉換中，某種就「身分」積極的訴求，何以能拉扯著主體有意識、或無意識地完成自我的配置。種種「身分」的替換，能在不同的語義裡調變著忠誠的姿態，從而它的虛構性與實體化的雙重過程，便格外清楚。我們無法否認身分終會改變、語言也總會有所更迭，但究竟是怎樣的轉變企圖抹滅所有的痕跡？或許，朝向特定身分的持有與轉變之間是維繫著一種悖論性的關係。無法離開特定身分的預設，它也就僅能透過消抹一切以模塑自己，而被限定的歷史認識、語言的強制性轉換和各種系統化的執行，不過是對此身分索求的後續效應。但也正是如此，這「身分」既無法

　　　　　　　　　　　　　　　　　　　　　　　　　　　　　　　　　　　

〔註57〕〈台胞恢復國籍〉，《人民導報》，1946.1.20。

離開自己便不會試圖理解曾經，也難以面對如何思考未來，進而也就不會再發生意義。

　　然而，就在 1946 年底全台對於地方自治的呼聲達到高潮，在當時林獻堂、蔣時欽、廖文毅紛紛提出聯省自治的建議，希望藉著地方自治的爭取來改善台灣政治勢力的壟斷。〔註 58〕因此，當時民眾寄望同年九月、十月的參政員及國民大會代表選舉，〔註 59〕能逐漸實現地方自治。但是這樣的寄望卻與現實相反，那時候參政員與國民大會代表的選舉雖如期舉行，卻沒有真正的落實民主憲政的跡象，當時《民報》就曾經指出，

> 我們台灣，光復後由當局的領導，既經成立了各種的民意機關，當局不時向我們說民主政治，現在也正在推行公民訓練。但是我們考察了過去及現在民意機關的工作，覺得不免要生出種種的紛亂迷惑。比如在一個縣參議會，政府提出了豫算案，經過了議員熱烈討論，通過了後，縣政府卻另外呈請省公署，公然來修改。雖是頭腦單純的台胞們，實在也有莫名奇妙之感。〔註 60〕

在這裡我們可以發現，國府雖然通過了縣市的參議員選舉，但是各縣市的政治事務誠然受制於省公署的控制。而所謂的縣市議會制度更是形同虛設，當時的參議員王添灯〔註 61〕就曾在〈省參議會的感想〉一文中明確的指出，

> ……我們完全以為得到水深火熱超生的機會了，結果都是幻想。本年五月省參議會成立後，鄙人為省人一份子，且受各位的附託曾盡鄙人之所能，努力企求達到上述的我們的期待，但是參議會，原來是把握政權的人們，准許我們去「參議」而已，並不是我們人民行使我們的政權的機關，所以這個參議會有多少權限也是人家定的人家給與的，並不是人民自己定的。在省參議會，成立的那個時候，我們在報上時常看到這樣的文句，就是說，本省光復未及週年，中央肯准許我們選舉參議會，參加本省的政治我們應該感謝中央的德意，參政員選舉的時候，也是如此說不可違背中央德意。起初鄙人

〔註 58〕　〈本省參政員對時局發表政見〉，《台灣評論》第一卷三期，台灣評論社，（台灣舊雜誌覆刻系列），頁 6～7。

〔註 59〕　〈民政處工作報告〉，《台灣省行政長官公署施政報告》，台灣省行政長官公署編，民 35.12，頁 17。

〔註 60〕　〈勿使人民發生迷惑〉，《民報》，1946.12.4。

〔註 61〕　前《人民導報》社長，在二二八事件後被殺害。

> 看到這樣的文句，覺得非常奇怪爲什麼在民主國家裡於報紙上發表
> 這樣的談話，不怕人家笑話？……鄙人那個時候，對於祖國還沒充
> 分瞭解，以爲民主就是民主卻不知民主是一種口號，也不知道政權，
> 並不在人民，而不過將還政權於人民而已。〔註62〕

這裡，在主權意識的「前置」下，國家主權玩弄著「民主」，玩弄著任何經由民主所產生的價值——「地方自治」。在主權意志中有民主嗎？或是說，「主權」其實就意味著「民主」。在表面上它保持著某種開放的姿態，甚至是邀請，但在邀請的同時，它卻又維持著一系列既暢通又窒塞的障礙與關卡。它使自己成爲一種標誌，一種伴隨著的既定的驅力而又可以隨意更換的東西，它允許進入，更甚它歡迎你進入。因爲，唯有你進入它，或是當你想要進入它的同時，你才會自動的扭動自身的姿態而再一次的承認它，好讓它得以一再地將你擱置。就如同王添灯焦慮的：我們只是「參議」，而民主也只是「將」要還給人民。這也就是說，主權意志一再告知你「將要」，但這「將要」卻從不付諸執行，或是這樣的執行必須朝向某種固定、調整、干涉的集結方式加以運行，進而使「民主」在種種的手段中被替代，而參議也僅能是「參議」而已。

　　1945 年後，國府在台灣所執行的文化論述，除了折射出歷經二戰的許多問題未被認眞反省之外，也反映出某種深層的「身體」想像，恰巧構成主權邏輯下統治性社會秩序的縫合點，而正就是這縫合點、這就「身體」深層的渴望，最能引起駭人的社會控制。尤其，當某種主權意識過於固定的同時，擱置其他形式的手段便成爲主權鑄造自身的出路。於是，在這種強力的介入下，文化的認識被質樸地轉化爲不是「中國化」就是「奴化」兩種意涵。但讓人更爲驚恐的是，在主權有意識的干涉、觀察與排列下，「中國化」或「奴化」不是沒有任何人可以超越主權所賦予的意義位置，而是每個人都可以依造主權給出的分配而加以定位。這難道不就是王添灯焦慮的：我們只是「參議」，而民主也只是「將」要還給人民。但是，在被主權擱置而吸納的生命過程中，所謂的純粹差別並不存在，有的僅是能預算而可被擱置的偏差。它一方面嚴厲地宛若某些自我禁制的結界，而另一方面更親善的猶如擱置爭議的中立面，它賦予某種貼近不同生命差異的承諾，卻又從中擴大其壟斷性。故而，種種預算中的偏差可以透過主權加以棄置，而主體（subject）則臣屬

〔註62〕王添灯，〈省參議會的感想〉，《民報》，1946.12.29。

（subjected）的自我截肢，並披上以擱置所繪製的「主體」（subjectivity）位置。但是，就僅能如此嗎？難道沒有其他的歷史選擇？還是說它僅能有一種樣態？或是說，只能試圖趨近一種固定的選擇模式？難道我們無法用更為開闊的姿態重新認識？其實，主權不該只被認識為持有的過程，任何僵固與強化的秩序總是引導出更多問題。紛亂的歷史進程，總面臨著扭轉與變動，如果無法瞭解各種扭轉背後的動力，我們又怎能真正理解主權自身的侷限？而對於主權此種侷限的持有，難道不就僅是意味著：主權只是再次受制於另一次任務的指派，而這樣的主權，終究無法展開不同理解的可能性。

　　然而，國府初期在政治敗壞與經濟衰頹的情況下，文化上對「奴化」與「中國化」的爭議日漸白熱化，而就在 1947 年二月二十七號傍晚，天馬茶房前取締私煙事件，引發了隔天二十八號群眾包圍公署廣場，要求行政長官改革省政。為了驅離群眾，憲兵誤傷民眾造成至少四人死亡，九十人受傷。此一行動，更加突顯公署執行主權意志的力道與迫切，從而引發了一連串全省性的群眾暴動事件。接著，民間領袖進一步向行政長官陳儀提出〈三十二條改革方案〉要求政治和經濟改革，實施地方自治的目標。但到了三月大陸馳援軍隊登陸後，國府不但以武力鎮壓全省各地的反抗活動，更進一步對台灣施行恐怖統治。此時，許多參與抗議的民眾被捕，各地眾多的民間領袖，以及各階層兩岸社會的精英知識份子，約萬餘多人，同時在這次國民政府對台灣施行政治綏靖中相繼遇難，而台灣追求民主、反抗奴化政治的過程，也再次蒙上沉重的陰影。

肆、小結：乾癟的永恆——何為中國化？

> 但是參議會，原來是把握政權的人們，准許我們去「參議」而已，
> 並不是我們人民行使我們的政權的機關，所以這個參議會有多少權
> 限也是人家定的人家給與的，並不是人民自己定的。
>
> 王添灯，〈省參議會的感想〉，《民報》，1946.12.29

　　針對國府對於「奴化：中國化」的操演，我們要問：這是怎樣的「中國化」？還有「中國化」到「奴化」的逼促間體現出怎樣的問題？Foucault 就曾經說過：「我們可以說「讓」人死或「讓」人活的古老權力已經被「讓」人活或不讓人死的權力取代了。」（Foucault 余碧平譯，2000，100）從這樣的理解

出發，「中國化」在國府治理性的組織操演下，自身縝密的組織企求，不僅突顯了一種主權調控的欲望，更隱喻了一種無法解開的對立與主權虛構的意識形態，它藉著調動各式真理的宣稱說話，捍衛著自我真實，並且一再地預設著它可以取消與調控的東西。所以，在這裡，我認為有關於「奴化」與「中國化」論述的操作；有關於文化政策、思想教育與身體管理；有關於「國語」論述的調配，其實展現的正是戰後國家政體自我否定最為焦躁的執念。而這樣的執念，從二戰後台灣文化場域的地景看來，它不僅啟動各種道德意志鋪陳、個性準確的判斷，甚是從語言機構的設置來加以運作，它是透過自身的組織化與整合化完成「奴化與中國化」邏輯的完滿性。

　　就如同瑪麗‧道格拉斯（Mary Douglas）指出的，控訴不潔、禁忌、污名本身就是武器，用來清滌、鞏固社會結構，它能讓人把罪惡的源頭指向混淆不清之處，進而使得工具理性的控制力量在結構中首居要位。但重要的是，污染破壞的指控力量，存在於意念結構（structure of ideas）本身，所以當意念轉動其結構的同時，社會同質化的價值區辨也就一再地被組織與引導。（Mary Douglas，1966（2002），p140、161、162）因此，當排除「奴化」的「中國化」被視為國府所欲求的總體形態時，我們就不難發現此時的「中國化」，不僅包含著一種道德、儀式的訴求，來集結、凝聚分疏化的社會個體；甚至，主權更透過「中國化」意念結構的投射，擱置出各式與主權意志對應的知識生產、文化場域和社會空間，將社會、文化轉化為自身匱乏欲念所承載的所在，而使社會、文化在主權意志的運作下，導向擱置性的索求。所以，就在這主權意志裡，取消「奴化」就成為主權治理想要完成「中國化」最為積極的意涵，它不但取消著「奴化」、取消著「日本化」，它更取消著各種在「中國化」中不願意理解的認識。或許，我們可以說「奴化：中國化」間的對立，其實意味著主權欲念對於自我的捍衛，它也只能捍衛著自己，捍衛著自己與無數差異的無能為力，進而只能再一次經由取消，取消它人的靠近，好保證自身的絕對。「我們只是『參議』，而民主也只是『將』要還給人民」，這洞察是多麼的憂鬱。但「奴化」與「中國化」那到底是怎樣的設置，竟能迫使國府初期的民眾不斷進入以追溯真實，且一再提供人們某種懷鄉的眷情，一種博得熱情及參與的「真理」，而如真正進入，進入到原以依戀的深處之同時，他們卻又感到失望，他們受騙了。他們發現，他們不斷探求的僅是一種早被算計好的承諾，一個空蕩蕩的價值譜系，一種被組織秘密化的「結構」。或許，就該

說「眞理」就是那個「結構」，那個「結構」所不斷推演並要我們遵從的「眞理」。而這「眞理」，正也是主權能配置不同身體姿態想像的緣由，但就在試圖持有自身永恆的同時，卻又在種種控制、鎮壓、肅清中散發著自身乾癟的腐味。

但是，這促逼著人並拉扯地朝向終極的樣態沒有因此而結束，反而隨著1947年的內戰局勢持續加熱，戰場並分別在軍事動員與學生運動之間展開。到了1947年228事件之後，台灣的政治環境更加嚴厲，內地戰場上高呼「反內戰、反飢餓」的改革聲浪一波波向台灣推進。此時，《橋》副刊上的作家，在面對新「奴化」的政治箝制，無不積極的思索未來可能的出路，繼而在《橋》上展開另一次新文學運動的探討。

第四章　特殊性與一般性
──被湮滅的想像《橋》的台灣新文學運動

　　在前面的章節中，透過主權治理性的論述角度涉入，我們發現在主權意志的介入下，台灣文化的面貌正進行著一種「擱置」與「取消」的狀態。而針對如此的「擱置」與「取消」，阿岡本（Agamben）就曾經指出生命政治（bio-political）的產生源自於主權力量的活動，它讓生命在政治化的型態中起著被扣除的內置作用，更甚允諾各種政治價值、判斷意識的手段滲透進個人的生命領域。（Agamben，1998：6～10）因此，阿岡本認為，唯有透過「奇點」（whatever being or what singularity）存在本身，才有可能思考膠著在主權普遍性宣稱與特殊性之間的二元困境。（Agamben，2001：85～86）這意味著，面對國家主權意志滲透的同時，如何關注相對於國府主權意識的差異思考，以及就各種變異的力道進行提問，是必須不斷進行的工作。

　　實際上，228 事件後台灣社會進入了另一個高壓的階段，但兩岸知識份子在政治局勢的緊迫下卻展開了不同的思考模式。當時，他們企圖藉台灣文學歷史的回溯，重新探問台灣文化所承接的歷史資源、精神延續與理論圖景，進而希望藉著「台灣新文學」的接合（articulation），以鬆動國府對於台灣人「奴化」的認識。

　　然而，又該以怎樣的角度涉入「接合」的認識呢？面對著這種接合（articulation），儂曦（Nancy）就曾經將此概念導引至一般性與特殊性的論證中，他以為各「奇點」並非是任何意義上的本體論，而是斷開的切口，接合的遊戲（the play of articulations）。因此，接合（articulation）不意味著組織化（organization）、或融合（fusion），但卻是每一次抵抗（resisting）的觸及之處（juncture）。它既打斷趨向「共同體」（community）的神話，同時也從「敢於

沉默」、或從敢「揭露沒人說過的話語」中，使持續抵抗的關係能夠展現。
（Nancy，2001：76、79、81）這也就是說，藉著接合的角度介入，不但要讓
表述文化的方式從主權意志的一般性形構中被解放，更要關注到不同「奇點」
聲音的相互觸動及各自的獨特脈絡。故此，本章將透過文化史的角度，試圖
先梳理台灣文學的歷史條件與論述脈絡中觀察到的現象後，再轉入《橋》副
刊、《中華日報》後期等對台灣新文學運動的討論。這裡的論點，將經由五四
精神的探索、文藝戰線的想像和特殊性與一般性的辯證間相互展開，以企圖
呈現在戰後初期於國民黨高壓下，另一種文化可能性想像的意涵。

壹、五四精神 vs 一種態度──範圍之外的探索

　　1947 年內地的戰亂掀起了另一波高潮，台灣也在同年引發全島抗爭的 228
事件。1947 年七月，在內戰中趨於劣勢的國民黨政府開始施行「全國總動員
方案」，並隨即下令「動員戡亂」，限制一般人民的基本權力以維持國民黨政
權的統治。然而，此時《橋》副刊上的作家歐陽明（巴特）〔註1〕卻首先以〈台
灣新文學的建設〉一文揭開了台灣新文學運動的序幕，該文開宗明義指出：

> 在今天，來探討台灣新文學的建設問題，是有著新的歷史性與現實性
> 的。這個問題，在今後中國新文學運動中也將是一部分的問題。這個
> 問題的提出，自然包含了對於過去台灣文學的批評。……台灣反日民
> 族解放運動使台灣文學急驟的走上了嶄新的道路。它的目標是要求「民
> 主」與「科學」。這目標正與中國革命的歷史任務不謀而合地取得一致。
> 這說明了台灣文學運動與台灣反日民族解放運動是分不開的。

> ……所以說，台灣文學運動的主流，決不是以在台的那些為殖民統
> 治者幫佣狗吃的所謂日本「作家」，而是龐大台胞自己倔強的靈魂的
> 民族文學運動。……一九三〇年後……台灣文學的第二階段，是一
> 個新舊興替的扭轉期，是一個台灣的「五四」新文學運動，它隨著
> 本島台胞民族解放鬥爭，高漲的激勵的轉變而轉變。〔註2〕

〔註1〕 對照巴特〈台灣新文學的建設〉，（《人民導報》，1946.12.1）與後來署名歐陽
　　　 明發表的〈台灣新文學的建設〉，（《新生報》，1974.11.7 ）以及〈論台灣新文
　　　 學運動〉，（《南方週報》創號刊，1947.12.21），明顯看出是後兩篇是巴特一文
　　　 的擴充。參閱橫地剛〈范泉的台灣認識──四十年後期台灣的文學狀況〉，《告
　　　 別革命文學？》，台北：人間出版社，頁 114～116。

〔註2〕 歐陽明，〈台灣新文學的建設〉《橋》副刊 1947.11.7；幫佣狗吃，原文就是如
　　　 此。

〈台灣新文學建設〉是歐陽明發表在《橋》副刊上的第一篇文章。從這篇文章展開，就如同第三章所描述，此時台灣籠罩在國民黨政府的統治與思想箝制中。在政治上以奴化論述特意貶低台灣人的歷史經驗，在現實上則藉著奴化論述的施行以鞏固國民黨政權的地位，而這樣的情形更隨著國共內戰的進展逐漸深化。但透過兩岸文人的交流，或經由大陸書籍的報導，〔註3〕台灣的知識份子早就認識到接收時期的各種矛盾其根源是國家統治體制的問題，而這樣的問題並不是台灣單方面的問題，要解決此困境則須進一步從反殖民的歷史經驗去討論。正是在這意義下，歐陽明再一次重申「台灣新文學運動」的主張，並且強調台灣文學有著民族解放運動與五四運動的影響，可以作為中國追求民主、自由的相互參照。

　　而作家林曙光〔註4〕在討論台灣文學運動是直接、或間接與五四運動發生關係時，更重申，

> 台灣文學運動的發生與發展，自有其背景，第一、是受到國內五四運動影響。第二、是西來庵事件的結果，台民知道單靠武力反抗日本人沒有什麼效果，所以斷然採取文化手段，……最後我感覺一點，即台灣新文學運動是直接或間接受到我國五四運動而產生，而發展的。所以不脫離我國五四的文藝運動的。〔註5〕

在這裡，林曙光指出台灣文學受到五四運動的影響，並且強調台灣文學一直以來就是作為反抗日本殖民的文化手段。二二八事件後，面對著國家權力的

〔註3〕一九四六年大陸評論家范泉和台灣作家賴明弘在大陸刊物《新文學》上發表關於台灣新文學的文章，直接引發了在台灣《新生報·橋副刊》上從一九四七—四九年關於「如何建設台灣新文學」的論爭，參加論爭的在台省內外知識分子有楊逵、林曙光、周青、葉石濤、雷石榆、歌雷、孫達人、駱駝英、揚風等，對日據時期台灣新文學展開反省與再評價，對台灣新文學的發展前途與創作道路進行了真誠熱烈的論證。資料來源：陳映真，〈認識光復初期台灣〉，聯合報副刊，2002.2.28。

〔註4〕林曙光（筆名瀨南人）高雄人，曾在日本京都求學，1946年間回台灣，幫助原台日經濟日報記者林東辰創辦「大中華青年公論社」，發行中日文綜合雜誌《曉鐘》，僅發行兩期即結束。之後任《國聲報》採訪記者。1946年秋，考上台北師範學院史地系，兼任《國聲報》台北分社記者。參閱林曙光，〈不堪回首話當年〉，《文學台灣》第四期，1992年9月25日：林曙光〈一逢訣別呂赫若〉，《文學台灣》第六期，1993.4.5；許詩萱，《戰後初期台灣文學重建》，中興大學碩士論文，1999.7.13 p48。

〔註5〕林曙光，〈台灣新文學運動是直接或間接受到五四運動影響而產生而發展〉，《橋》副刊 1948.4.7。

暴力性治理，台灣知識份子開始思考，如何藉文化上的力量批判國民政府的
壟斷專制，也期望整個台灣社會文化能重新恢復活力。

　　但當時《橋》上的另一位作家胡紹鐘卻認為，五四運動面對的是舊中國
社會的批判與重建，而歷史是動態的，現今中國所面對的客觀環境已經改變，
因此台灣新文學運動應該面對其現實環境進一步改造，他說，

> 輝煌「五四」時代，那是民國的新文學的開端，它有革命性的成就，
> 但是我們不能以此來限制我們進展，叫囂著「我們要回復五四時
> 代」，那是錯誤的。要知道，「五四」的革命，是有那時的社會背景，
> 現在呢？當然是有現在的社會背景，在革命性的歷史來說，回復到
> 「五四」時代，那是要不得的口號，以常識來說，我們現時代的文
> 學是比「五四」進步了，但是我們為什麼要有這樣的口號呢？革命
> 是不斷性的，我們不滿於「五四」以後的，我們應以革命的精神，
> 創造出另一個時代，來配合我們的需求，「五四」時代，那是前期的
> 革命，留給後人是作借鏡而已，同時也就是給我們知道，即是一個
> 革命過程中的名詞而已。〔註6〕

在這裡，胡紹鐘質疑了要回復五四運動的說法，在他的建議中五四運動只是
代表著中國新文學的開端，它批判的是當時中國社會文化的真實狀況。然而，
面對現今中國與台灣的社會現實狀況，五四不該只是空洞口號的承續，它應
該從自身當下的社會著手，重新尋求革命的動力。

　　從上面的討論中，我們看到了歐陽明、林曙光與胡紹鐘的探索，都朝向
五四精神的評價展開。就歐陽明與林曙光的觀點來看，他們肯定五四以來反
帝國反封建的改革思想，認為台灣文學融合著五四以來的改革思潮，而要推
展台灣新文學運動，就必須進一步將這樣的改革精神加以發揚光大。但有趣
的是，胡紹鐘卻進一步將五四精神加以問題化。從他的角度來看，「五四」是
一個對中國社會體制的批判，那個時代意味著，知識份子開始將思想轉化為
對任何威權質疑的時刻。就這點而言，「批判」才是最為必要的，因為批判的
作用，是充分就整體時代、社會、文化、歷史條件分析的概念，從而才可能
藉著「批判」來思索不同時刻的社會、歷史條件如何能持續的介入，創造出
新的契機。因此，胡紹鐘認為「改革」是「五四」真實的內涵，而「五四」
只不過是象徵著一個「改革」的年代而已。或許，我們可以再次推進胡紹鐘

〔註6〕　胡紹鐘，〈建設新台灣文學之路〉，《橋》副刊 1948.5.24。

的思考,也就是說「五四」之所以可以成爲探索的理念,是它曾代表著一種對本質性權力的抵抗,而它的作用力,更一度體現爲斷開普遍權力並帶出不同歷史話語的外部經驗,故此,「五四」之所以可能作爲探索抵抗性的理念本身,就應該具有轉開理念化的視野,而並非是一種普遍性的教條。

然而,林曙光與歐陽明從台灣文學出發,所提出的台灣新文學運動是否又是一種普遍的教條?或是說,它又如何不會像前一章曾指出「五四」運動往後實體化的結果那樣,從一種對於「人」的發現,而轉變爲對「人」的「擺置」?而到底,台灣文學在精神上有沒有彰顯出抗議教條的形式?針對這樣的提問,底下我企圖先展開林曙光與歐陽明論點的歷史脈絡,以便隨後進一步討論。不過,此處我卻想指出一個特殊的觀察,也就是在《橋》副刊上歐陽明、林曙光對於台灣新文學運動的討論,是介入在歷史現實與思想相互交合的軸線上的。因此,以歐陽明與林曙光二者的觀點來說,所謂的台灣文學它是藉著「文化手段」重新就現代性化約爲僵化價值的一種干擾過程,那是一種重新反省「殖民——主權——治理」的過程,以及一種探索外在於既定歷史動力和不同可能性想像的過程。在指出這一觀察後,就如同林曙光與歐陽明所說的,當時台灣文學有著五四運動影響的痕跡,而生長在那個時代的賴和,更是積極的吸收五四啓蒙以來所代表的「反帝國反封建」「科學與民主」的思想,並以文學創作的方式來號召民眾追求民主自治的理念,或許接下來的討論我可以從賴和的論述進一步地推展。〔註7〕

當時,生活在日本殖民的台灣青年賴和,他的文學創作不僅反映日本殖民歲月的黑暗與壓迫,更展現了在殖民統治壓迫下弱小人民對於主權意志深刻的思考,賴和就曾在〈代諸同志贈林呈錄先生〉一文中高聲呼喊著,

---

〔註7〕 這裡之所以藉著賴和進入討論,是因爲林曙光、歐陽明的論述中分別都指出賴和與「五四」運動間的關係。歐陽明在〈台灣新文學的建設〉就曾經指出:台灣文學在客觀形式與社會堅強的條件下,產生不少偉大的作家,例如「台灣的魯迅之賴和」(《橋》副刊 1947.11.4);而林曙光在〈台灣文學的過去,現在與將來〉更強調,當時賴和先生的存在確是很偉大。這位被譽爲「台灣之魯迅」的賴和先生,實在很多方面和魯迅先生相似。(《橋》副刊 1948.4.12)而事實上,一九一九年,當五四如火如荼地展開的時後,賴和正好在廈門行醫。次年,回台後,過去以漢詩爲創作主體的他,便開始嘗試用新工具(中國白話文)從事新文體(新詩、散文、小說)的寫作。對五四運動的熱忱直到賴和回台多年仍持續燃燒著,故此,這裡便以賴和作爲介入的對象。(黃武忠,〈溫文儒雅的賴賢穎〉,《台灣作家印象記》,台北:眾文出版社,1984,頁66)。

　　這二十世紀的新潮流／久已環繞著六大部洲／誰不是──人各平
　　等？／誰不是──人皆自由？

　　試問我兄弟們／享得不？／背地裡拋棄了／天賦人權／成日卻做那
　　被人／驅策的馬和牛

　　誰也不是個人嗎？／怎忍蒙以其羞？……美麗島上經／散播了無限
　　種子／自由的花平等的樹／專待我們熱血來／培養起〔註8〕

這裡，賴和藉著文學書寫進行對殖民主權的批判。他不斷自我質疑著他所面
對的現實環境，他不斷提問什麼是自由？什麼是平等？什麼又是人權？而處
在殖民主權的政治現實中，台灣同胞又得以享有自由、平等與人權嗎？一連
串提問的背後，它指出一種否定性的答案，並體現著在殖民主權威嚇中人的
生命不斷地被抵銷。「拋棄」，無疑帶出了賴和整首詩的核心命題，它具體陳
述了在殖民政權的架構下台灣民眾除了心理上被迫以統治者的目光中自我識
別之外，而在社會現實裡，淪為權力宰制下的台灣人民，也僅能受限其主權
所允諾的範疇，過著被呼喊、驅策的牛馬生活。不過，此處賴和卻也隱喻一
種尋求「範圍」之外的嘗試，他在另一首詩作中更清楚表達這種探索的精神，

　　自由結婚神聖戀愛　是吾們所提唱（倡）要達到現實的時代

　　汝們倆　得有美滿的今日　雖說是愛情的媒介

　　亦因為不避──世俗議論愚頑指摘　有那奮鬥的精神　堅決的毅力

　　始獲從舊慣的範圍裏　解脫出來

　　在充滿喜氣的寺堂中　一束束的鮮花　特地裏美麗嬌紅

　　至愛之神監臨著　互相握手的剎那　已足償了人生苦痛

　　更希望造成理想的家庭　來光大新人名聲

　　把叛逆憐憫等──德行　遺傳給子孫　好擴張我族繁榮〔註9〕

如同一般的啟蒙知識份子一樣，賴和深刻了解在傳統封建社會結構中具有特
殊的差序結構，此種邏輯結構更以道德及價值的判斷，導致文化、社會的發
展朝向神祕化與專斷化。而五四以來的反帝國、反封建，想要去除的正是這
種社會文化的專制。但不同的是，在日本的統治下，賴和是站在受壓迫民族

〔註8〕賴和，〈代諸同志贈林呈祿先生〉；轉引 施懿琳，《從沈光文到賴和》，春輝出
　　　　版社，2000，頁429。

〔註9〕賴和，《一九二四年稿本》，頁89～92；轉引 林瑞明，《台灣文學與時代精神》，
　　　　台北：允晨出版社，1993，頁53。

的分析立場，突顯了當時台灣人民面對整個時代現實的主要生活基調。透過近代與五四以來的思想啓發，這爲賴和開拓出一個認識世界較寬闊的視野，同時也使他意識到探索不同世界的可行性。讓生命能從特定的「範圍裡——解脫出來」，這明確地道出了賴和此時的思想主軸，而也是從這歷史的側面，賴和持續藉著生命底層的實踐，抗議社會內部的不公。他抗議著傳統社會對人性的壓制，更抗議著自由、平等與人權的消逝，他呼籲一種基於貼近不同「人生苦痛」的關懷，更呼籲著基於不迴避質疑「範圍」絕對性的圈禁而產生的批判與叛逆。

　　這樣叛逆是具有著其高度的洞察與矛盾。30 年代在台灣的社會主義與反帝國、反封建的聲浪可說是同步展開，而此時台灣知識份子受到這種環境的影響，更是積極的提問著社會階級與殖民資本主義間的關係。但是，此處我們不能忽略，這時的賴和身處於一個革命意識高亢的年代。在日本帝國殖民的統治下，賴和擁有了資本主義現代性的進步視野，但也就是這樣的視野，讓賴和不斷在晦澀顯影之處看見了現代性與殖民剝削間矛盾的本質。賴和在他的作品中，就曾深刻反省代表殖民統治階級——「法」本質的矛盾，他在〈蛇先生〉一文中指出：

> 法律！啊！這是一句眞可珍重的話，不知在什麼時候，是誰個人創
> 造出來？實在是很有益的發明，所以直到現在還保有專賣的特權。
> 世間總算有了它，人們才不敢非爲，有錢人始免被盜的危險，貧窮
> 的人也才能安分地忍著餓待死。因爲法律是不可侵犯，凡它所規定
> 的條例，它權威的所及，一切人類皆要遵守奉行，不然就是犯法，
> 應受相當的刑罰，輕者監禁，重則死刑，這是保持法的尊嚴所必須
> 的手段，恐法律一旦失去權威，它的特權所有者——就是靠它吃飯
> 的人，準會餓死，所以從不曾放鬆過。像這樣法律對於它的特權所
> 有者，是很有利益，若讓一般人民於法律之外有自由，或者對法律
> 本身有疑問，於他們的利益上便覺有不十分完全，所以把人類的一
> 切行爲，甚至不可見的思想，也用神聖的法律來干涉取締，人類的
> 日常生活、飲食起居，也須在法律容許中，纔保無事。〔註10〕

〔註10〕賴和作品集：http://laiho.mit.com.tw/Laiho_Info/works.htm；原載於「台灣民報」
　　　　二九四、二九五、二九六號，一九三〇年一月一日、十一日、十八日。

在這裡，賴和嘲笑現代社會藉由法的專斷，創造了一種神秘的權威。就賴和看來，「法」原是為了讓不同民眾能協調出生活的職能，但在殖民階級的操作下，「法」不得不轉向一般民眾生活的對立面，而使「法」得以進一步切斷各種社會生活的內在聯繫、中介人民各種生活面向，與此同時它更成為權威者至高無上的權力來源，操縱著任何可以證明適用於這種權威的契約與義務。

賴和從自我身處的殖民社會中體會出了在現代邏輯的規範下，這「法」──它總是處於良善與壓迫、順從與宰制之間的偷渡與反叛，任何高漲的道德品質，總有可能在不斷前進、向上的呼求中墮落成自我閹割的神聖價值。苦思此種歷史現實的需要和侷限，我們似乎可以感同賴和的無奈，在歷史現實與社會條件無法改變的情況之下，賴和不得不再一次從主權──「法」之外出發企盼著另一次的契機。他在〈不如意的過年〉又一次以機敏的筆調諷刺了「法」本身保守的柔弱性格，他說，

> 且法律也是在人的手裡，運用上有運用者自己的便宜都合〔日語，關係，方便〕，實際上它的效力，對於社會的壞的補救，墮落的防過，似不能十分完成它的使命，反轉對於社會的進展向上，有著大的壓縮阻礙威力。因為法本來的作用，就是在維持社會於特定的範圍中。「壞」、「墮落」，猶是在範圍裡「向上」、「進展」，便要超越範圍以外。所以社會運動者比較賭博人、強盜，其攪亂安寧秩序的危險更多。〔註11〕

賴和身為一個社會運動者、一個作家、一個被殖民統治的台灣人，他清楚的理解「法」意味著定義與取消，也如同他在〈一桿『稱仔』〉所描寫的，這樣的定義與取消是以權力的專擅作為基礎，過程中殖民主權也僅是貧血、物化關係的維持，它所代表的是一種限定、法則、禁止的壟斷性力量，它所滿足的也僅是殖民主權效益性的攫取而已。〔註12〕但就在定義與取消之外，賴和卻同時也暗示在那範圍之外──社會運動者的危險性。這種危險性並不是立基於社會運動者品格的缺陷、道德的敗壞，而是立基於他對於殖民主權的威脅，立基於他對於現實法則的反抗與挑戰，他的危險是他處於一種「範圍」

〔註11〕 賴和作品集：http://laiho.mit.com.tw/Laiho_Info/works.htm；作於一九二七年十二月十四日　原載於《台灣民報》。

〔註12〕 賴和作品集：http://laiho.mit.com.tw/Laiho_Info/works.htm；原載於《台灣民報》九十二、九十三號　一九二六年二月十四日、二十一日。

之外的游移，而這樣的游移不但標誌了殖民主權的局限，更洩露在主權之外的另一種可能性。

　　從上面的討論，我們可以發現賴和受到啓蒙思想的影響之下，展現了兩種對於那個時代的特殊觀察。首先，賴和發現在殖民的政治體系中，主權變成一種對於人性壓制的慣性力量，這樣的慣性力量不但無力服務於人性的解放，它更神祕化了傳統社會中的知識序列；因此，在這個階段賴和發現唯有經由啓蒙的抵抗才有可能從「舊有的範圍」中掙脫出來。但是，他另一面也看到啓蒙現代性的矛盾，尤其是當這樣的現代性淪爲殖民服務的手段，它更形成一種既盲目又龐大的政治系統，反覆自我統攝各種知識的聯繫。這知識系統的運作，實際上朝向一種內在性（immanence）的身體化，並藉著「法」的形式打造出主權統攝的範圍──固定一種主權空間。不過，在這兩次有趣的觀察中，我想指出的是一種面對於「範圍」之外的思考。在賴和的思考中，不管是「範圍」、或是「法」它本身就指涉著一種結構性的象徵系統，而這樣的象徵系統作用在社會與政治現實的邏輯（Logos）之下，就可能立即體現出「納入」與「排除」的雙重動力。但有趣的是，這種「法」一開始就是問題，賴和最終發現「法」的目的不過是爲了合法化階級性利益。〔註13〕在「法」實際的運作下，普遍性利益能一再被鞏固與加強，而被殖民的台灣人民卻無法在這「法」之下說話。因爲，「法」的運作讓人民失去自主的名字，「法」（Law──Logos）取代了民眾的意義本身，而成爲民眾自身的最佳註記。但也就是賴和的提問讓我們理解，座落在「範圍」之內社會現實本身的道德價值、倫理訴求應該一再地被問題化，唯有不斷提問「範圍」與「法」的認識判斷，根本的政治問題才會出現，而「範圍」與「法」之外的可能性才能被重新思考。或許，我們可以推進這樣的思考：賴和他眞正思索的並不只是一種抵抗的可能，而是一種抵抗本質化的可能，他所批判的是一種本質化的危險與一種本質化轉身吞噬的恐怖。

　　從這樣的角度進入，我們似乎可以逐漸將《橋》上作家倡議的「台灣新文學」運動進一步的問題化。也就是說，如果台灣文學與五四都分享了一個時代性的脈絡且彼此呼應，而其標榜的「反帝國反封建」也就是對普遍主權

〔註13〕賴和說：「像這樣法律對於它的特權所有者，是很有利益，若讓一般人民於法律之外有自由，或者對法律本身有疑問，於他們的利益上便覺有不十分完全……。」

的批判與質疑，那就「台灣新文學」運動的倡議，是否意味著它是《橋》上
作家在面對他那個時代普遍性主權意志的質問呢？是否它代表著面對於一個
強力壓制的主權意識所作出的抵抗呢？它是否也彰顯《橋》上作家們重新在
思考另一種外在於主權的可能性？甚至，是透過以往台灣文學對於主權深刻
的批判，重新以一種「文化手段」的介入，來思考國府初期所面對的這種反
身吞噬的恐怖呢？

　　光復初期台灣同胞再一次面對了大戰後經濟的動盪、國共的內戰與政治
意識形態的矛盾，他們驚覺一種標榜著道德意識卻又強制完成自身的任務正
在蓄勢待發。在奴化論述中多有批判的王白淵，似乎早就意識到這種普遍性
的矛盾，他就曾以〈我的回憶錄〉意有所指的表示：

> 俄國有一種傳說，說「俄國有一個地方的山野，至秋深青葉落盡的
> 時候，不知從何處漂來一種難說的花香，但是這『這妖魔之花』的
> 本體，是不容易看到的。但是不幸一見到，那人就要發狂了！」這
> 是俄國帝制時代的傳說，我覺得很有帶著人生的深意。文豪杜斯杜
> 要扶斯基亦有一篇小說小說叫做《著魔的人們》描寫沙皇專制統治
> 下的俄國青年，好像發狂一樣向著革命前進。我想這班青年都是不
> 幸看著這「妖魔之花」的人。有人說『歷史的悲劇，比任何個人的
> 悲劇，更加深刻』——我們台灣雖是四面環海的小島，但是由其歷
> 史看來，這三百年短短的時間，不是帶著滿身血痕的情形嗎？〔註14〕

對於殖民地的青年而言，透過這株「妖魔之花」，王白淵看見了當時青年在日
本軍國主義的召喚之下展現的從容就義，更見識到了在社會主義下不斷挺進
犧牲的革命鮮血，時代的巨輪號召著改革、號召著前進，革命號角一聲聲動
盪著整個時代的人們。但是，革命與進步卻必須以交換作為代價，就當時代
不斷前進的同時，所被輾壓過的卻是無數青年的犧牲與奉獻。在王白淵的回
憶中，我們再一次複習了那個進步與革命的時代裡，種種人性的壓抑與扭曲。
但在此處，王白淵也暗示了戰後初期國民政府對於台灣社會文化所進行的整
編，從奴化論述的壓抑、民族精神的再造、參政權與國語能力的矛盾到全國
性地方自治的箝制，它展現的是一幅統治權力所繪製的疆域與圖景，而由此
產生的兩岸矛盾與政治、經濟上的無奈，卻又迫使台灣同胞不得不去探問現
實關係、歷史存在的方式，甚至是國家與自身之間的種種問題。

〔註14〕王白淵，〈我的回憶錄〉，《政經報》，民國三十四年十一月十日，頁17。

　　而此時，林曙光與歐陽明等人，在《橋》上的台灣新文學運動，似乎象徵著另一次探問的開始。1948 年三月二十八日，《橋》副刊舉行第一次作者茶會，茶會中楊逵首先建議以「現實主義的大眾文學」和「加強聯繫與合作」方式進行創作，他指出，

> 我希望……進而各報聯繫合作起來，造成全面的發展，這才是建立
> 台灣新文學的基礎，我建議多登一些批評性的文章──作品評、作
> 家評，與討論。自我批評是個人的反省，批評與討論則是大我的，
> 文藝界的反省。……我希望各作者到人民中間去，對現實多一點考
> 察，與人民多一點接觸，本省與外省應當加強聯繫與合作。〔註15〕

在這裡，楊逵呼籲省內外的作家多從事創作，也呼籲省的各家報紙聯繫起來，提供作家們創作的園地，他更呼籲省內外作家們相互聯繫主動到民間去觀察，創作出反映現實生活的文藝作品。

　　而針對楊逵提出「現實」與「聯繫」的兩個議題，《橋》上的另一位作家子瓏更進一步的指出，

> 編輯人所採取的態度：……編輯上不偏頗任何一主義，我是非常贊
> 成這種編輯態度。因偏頗的藝術論往往窒死了新興的作家。應該把
> 我們的生命付諸了作品。作品的內容，絕不被一種畸形的藝術論（或
> 主義）所桎梏、錮囿。我們不願意藝術變成了自然科學的奴隸，宣
> 傳的利器，教化的工具。無論表現個人的或社會的，作品本身，的
> 確有生命的意義與反映社會的內容。〔註16〕

此處，子瓏延展了楊逵的論點，他認為台灣新文學的創作不能淪為一種主義、一種處方，或成為權力者宣傳的工具。這樣的論點，不但是對國府初期本質文化的反省，更是對權力者的再次批判。不過，作者並沒有拘泥於這樣的批判，他更建議台灣新文學創作本身，可以轉化成作者面對社會、面對文化所做的提問，它可以就是一種生命的作品，一種對於生命意義與社會問題的追探。

　　而當時的作家鄭重、葛喬、黃得時、陳大禹也都提出了相似的意見，並且也不斷追探著文藝與現實的關係及相互交流的可能性，更甚作家鄭牧之建議使用雜文來批判黑暗的現實，他說，

〔註15〕歌雷等，〈橋的路〉，《橋》副刊，1948.4.7。

〔註16〕子瓏，〈橋的路──橋每月應該出一次作品「批評專號」　建立台灣新文學不是建立台灣鄉土藝術〉，《橋》副刊，1948.4.7。

　　我想「雜文」也許有人聽了先要打個寒噤說：「教誦來了」，其實這
　　完全錯的，「雜文」是文學的一把匕首，鋒利而有力，是要把一切偽
　　君子，假裝文學家，貪官污吏……等割下他們的耳朵，使他們永遠
　　不敢在社會上逞兇。然而一旦這把匕首給人們來了個預防，也許因
　　此失利也許因此被打落在陰冷的地方。也許雜文沒有人寫，也沒有
　　地方刊載。我之所以提這個問題，也許是給「什麼是現實」一個回
　　答。〔註17〕

藉著雜文的使用，鄭牧之希望讓台灣新文學運動可以更貼近人民的聲音。他
認為，雜文意味著一種多元的力量，而這多元力量是隱含在社會的各個角落，
它本身就具有其衝突性，但這樣的衝突性可以成為批判文化、面對現實社會
最有效的資源。

　　此處我們從楊逵的相互交流、面對社會現實，到子瓏對於僵固主義形式的
批判，再到鄭牧之對於雜文的提倡，我們可以看見《橋》上的作家不但企圖揭
露國府時期現實生活的黑暗，更企圖讓社會上多元的聲音顯現，就如同鄭牧之
給予我們提示一種「雜文」的銳利批判。但這裡，我卻想延展這種批判的可能
性。實際上，鄭牧之、楊逵所說的「雜文」、或是「到民間去」的現實文學，
其實本身就隱含著一種對「範圍」之外的開放。在鄭牧之就「雜文」的概念中，
它本身不但沒有事先預設思想的侷限，更沒有預設其行動的限制，它——「雜
文」不斷從「民間」現實的底部探問，把持著一種對外開放的姿態，這樣的姿
態不但對「範圍」內的社會現實形成衝擊，更讓一種固定的主義概念、教條運
作在「雜文」的創作中被詰問、被反省。「雜文」的探問，為的是讓政治上的
矛盾、思想的固化與社會教條的抑制，能被揭露而討論。它意味著「雜文」、「到
民間去」所有的觸碰，不但有可能形成社會的改革，更有可能藉著這種反覆的
作用，而讓社會與文化中的真正複「雜」性被「文」（說）出來。

　　但是，如果「到民間去」與「雜文」意味著：面對現實社會將複雜性說
出，說出一種在「理解」與「範圍」之外的複雜性；那麼，這種「複雜性」
與「範圍」之外，不但是賴和一再提問、「五四」迫切探求，更是林曙光、歐
陽明、楊逵等人共同追問的，而它的可能性就在於：不斷追問現實的同時，
顯露自身的自由，追問範圍之外的同時，顯露一種自由的存在正在發生
（happening），而這是讓彼此探問的我們（we），又一次從內部自身開放為「他」

─────────────────────

〔註17〕鄭牧之，〈橋的路——建議採用雜文　針對黑暗現實〉，《橋》副刊，1948.4.7。

（others，民間的、雜的），現實社會由此能觸碰自身內部的「雜」與「民間」（others）。這樣的過程，不但迫使從屬關係（國民政府）無法固定社會現實的認識，更經由往來探問的過程顯露出社會、經濟與政治間的複雜性。亦言之，這複雜性就是省內外知識份子於戰後，不斷探問的奴化問題、國語的問題、政治腐敗的問題，更是在二二八事件之後台灣省內外知識份子就政治民主想像的問題。《橋》上的作家，也就在討論台灣新文學運動的過程裡，經由反覆、來往、探觸的過程彼此顯露另一種自身開放的樣貌。歌雷曾在「歡迎」那篇詩裡，就表現了這樣的面貌：

> ……朋友　歡迎你來　歡迎你智慧　歡迎你熱性　歡迎你誠實
> 讓我們像老朋友　大家握一次手　你來自北方的　你告訴我們一些
> 嚴寒的故事
> 你來自南方的　告訴我們一些海洋的秘密
> 我們像小兄弟　你愛說什麼　就說什麼
> 這裡──　自由　是最低的要求　友誼　是最高的享受
> 這裡冬天不太冷的島上　卻有颱風　春天的夜裡　落著雨
> 你願意　就打開你的心　像一顆太陽〔註18〕

此處，我們看到另一種既為積極又為從容的神態，再次從歷史的界限中展現出來。它超越一般僵化的知識操作，使得兩岸的知識份子得以探討自身與界限當中的底限，更藉著不斷的探問，展現《橋》上作家對社會文化的想像──這想像就如歌雷說的：自由是最低的要求，友誼卻是最高的享受，來自北方的告訴我們一些寒冷的故事，而來自南方告訴我們一些海洋的秘密。

記得在班雅明（Walter Benjamin）那裡曾經描寫了這樣一個天使：

> 他凝視前方，他嘴微張，他的翅膀張開了，……他臉朝過去。在我們認為是一連串事件的地方，他看到一場單一的災難。這場災難堆積著屍骸，將它們拋棄在他的面前。天使想要停下來喚醒死者，把破碎的世界修補完整。可是從天堂吹來的一陣風暴，它猛烈地吹擊著天使的翅膀，以至他再也無法把它們收攏。這風暴無可抵抗地把天使刮向他背對的未來，而他前面的殘垣斷壁卻越堆越高直逼天際。這場風暴就是我們所稱的進步。〔註19〕

〔註19〕班雅明 Walter Benjamin 張旭東譯，《啟迪》，牛津大學出版，1998，頁253～254。

在這裡，天使並非眷戀於過去，卻又逗留在過去與未來之間。他似乎想從那裡離開，或試圖從那裡離開，但那場名為「進步」的風暴卻又反覆地將他兜了回來。合不攏的翅膀，是天使力拒這場颶風的表徵。他凝視過去，試圖逆向於風暴的推進梳理曾經，而思考不一樣的未來。二戰後，這天使的意象不僅體現著班雅明的身影，更拖曳著在那時代面對相同毀滅及未來人們的形象，或說是緊隨其後。這天使的面孔始終是憂鬱的，他憂心著那立即卻毫不思考的逼促風暴，而《橋》上的歐陽明、楊逵、林曙光、歌雷等人似乎都有著天使相去不遠的憂鬱，同時也察覺了國府依循機械運轉邏輯般的著魔本質。因此，他們企圖藉著思索、探問、開放，讓各種被主權隱匿的聲音能重新出現。也或許，透過彼此的交往與探問，我們逐漸可以理解在推進歷史的名義下，可能僅是隱藏著某種普遍本質的方向；尤其，當它被壟斷性力道模塑為一種主義、一種處方，或僅可能推進的圖景時，這本質性的方向非但統攝著全體，它更使對歷史持續發問的狀態封閉起來。但在《橋》上我們卻發現，不同的作者重新面對五四及台灣文學的歷史，不斷藉著相互觸碰而深入彼此「過去」、「現在」、「未來」之間的關係，以及我們與「他人」（範圍之外）的關係。甚至，更進一步將「普遍性」當成問題，再一次提出。或許，在這裡我們看到另一種探索歷史的可能，它維持著一種獨立思考及判斷的距離，並在其中不斷介入。它企圖要我們看見這時代「進步」下的擱置、看見對於這文化現象的擱置，它要我們看見擱置的他（others），它要我們從自身的此處撞見自我的擱置，進而能夠從擱置的此處中停頓、思索、躊躇及探問，並讓擱置可以被中斷。那不服從歷史普遍推進的清醒意識，才有可能使得思想的探索能成為一種非完成的發生，而不斷發生，發生在我與他──擱置主權的關注當中。

1947年之後，國府發現歷經二二八事件的台灣社會必須再一次整合，於是執行「新文化運動」，就成為國府主權企圖挪用語言的徵狀，而毫無反省地將二戰後的台灣，又一次拖曳進時代話語普遍的內在結構。但面對經由主權所涉入的文化形式、面對這種「普遍性」的訴求，《橋》上的作家又如何討論？又如何企圖藉著文藝活動的訴求，提出另一種反覆想像「聯繫」與「表達」（articulate）的可能，而讓台灣文化的開放性不斷發生？

貳、文藝陣線的追問——被煙滅的發生

當時，揚風在〈新時代、新課題——台灣新文藝運動應走的路向〉中就曾倡議文藝統一陣線的構想，並期待藉文藝陣線來導引兩岸文藝作家的合作，他指出，

> 新文藝的內涵，既是新的，進步的，反映出這時代和社會的真實面目來——痛苦和歡笑，黑暗或光明。……展開台灣新文藝運動，不但是必要，而且是迫切。但台灣的新文藝運動究竟要如何展開呢？我覺得：一、文藝統一陣線——這有二：第一、內地來台的台灣當地文藝工作者普遍的合作，共同攜手，……在「展開台灣新文學運動」這個口號，文藝工作者應該攜手，心貼著心的來組織和堅強更新文藝運動的統一戰線。第二、還要討論出台灣新文藝運動統一的路向，這就要文藝工作者的步伐一致，這所謂的步伐一致，並不是否認或抹殺了文藝的批判，相反的，統一陣線反不過是一個大聯合，使展開台灣新文藝運動，有更大更堅強的力量。在這統一陣線內部，仍要嚴格批判，才有進步發展。〔註20〕

既有「痛苦」、也有「歡笑」，就揚風「文藝陣線」的主張與先前提到的「國民性」概念一樣，都交雜著在五四逐漸形成，而歷經抗戰時期全面展開後的種種問題。〔註21〕很明顯，揚風是從台灣當時的現實處境出發，在面對台灣國府初期政治與社會上的各種矛盾，他呼籲新文藝運動的推行，必須要反映社會的真實面目，且指出這新文藝的推行須成為促進省內外作家合作與交往的介面，使省內外作家可以經由「文藝統一陣線」的想像相互交流與合作。不過，就揚風而言，「文藝」意味著「批判」，而「統一」就是彼此「聯合」，那是不同思想表達的相互顯露。也就是說，「文藝陣線」是指向對任何同一命名的抵抗，它既抗拒外部收攏的組織性動力，也同時嚴格挑戰內在性語言的權威。

不過，就「文藝陣線」的呼籲，在 1945 年中國內地第一屆五四文藝節紀念大會上就多有著墨，在大會中他們指出，

〔註20〕揚風，〈新時代、新課題——台灣新文藝運動應走的路向〉《橋》副刊，1948.3.26。
〔註21〕參見《中國百年文學理論批評史》，第二篇第一章　第三篇第一章　第四篇第一章，湖北教育出版社，1996。

本會〔註22〕把這個決定向全國文藝界全國作家公佈,合同各分會在今天舉行第一次文藝節,並向全國文藝界屆全國作家建議,以後每年五月四日舉行廣泛的擴大紀念。本會建議:文藝是人民的心靈聲音,文藝節的紀念應該放在人民的爭取民主的偉大鬥爭目標上面。……文藝是人民的事業,文藝節的紀念應該越廣泛越好,在文藝節之前要展開一個廣泛的運動,要動員一切文藝社團、文藝工作者、文藝愛好者,用各種形式的工作參加,一直到農工大眾裡面。……文藝節的紀念應該誠懇的檢討過去的成果,特別著重在和人民的解放要求的結合這一點上,使新文藝能夠真正爭取到廣泛的發展和偉大的前途。〔註23〕

在這裡,文協企圖藉由文藝節的推廣,連結一切的文藝社團、文藝工作者與文藝愛好者。針對這樣的連結,文協也意識到必須經由「檢討過去成果」來開始著手。因為,文藝是各種「心靈聲音」的呈現,而非意識形態的配給,只有廣泛地深入於民間社會,干涉並嘗試中斷社會真實的黑暗面,才可能讓持續探索心靈解放、自由創造,以及擴展更為民主、平等的生存空間可以發生。

但是,針對「和人民的解放要求的結合」這論點,當時張道藩卻早在重慶發刊的《文藝先鋒》中提出反對的意見。他認為,和「人民結合」不能只從黑暗面批判,它必須經由社會光明面的書寫,以達到「美化」社會生活的責任,他在〈我們所需要的文藝政策〉中就指出,

現代我國文藝被寫實主義的氣氛籠罩著,「現實主義」,「社會的表現」,「生活的實錄」等等口號;不僅作為文藝理論上的指導,且作為作家創造的標向。……但是要知道,寫實主義發生於歐洲資本主

〔註22〕 這裡的指的是「中華全國文藝協會」,全名為「中華全國文藝界抗敵協會」,為抗戰時團結文藝界抗日力量的全國性組織,1939年三月八日成立於漢口,抗戰勝利後,1945年十月改名為「中華全國文藝(界)協會」;而文藝節即是在1945年五月四日由「中華全國文藝界抗敵協會」所制定的。參考〈為紀念文藝節公啓〉《抗戰文藝》第十卷第二、三其合刊,1945年六月;收於《文學運動史料選》,北京大學中文系、北京師範大學中文系、北京師範學院中文系主編,上海:上海教育出版社,1979。

〔註23〕 〈為紀念文藝節公啓〉《抗戰文藝》第十卷第二、三其合刊,1945年六月;收於《文學運動史料選》,北京大學中文系、北京師範大學中文系、北京師範學院中文系主編,出版項 上海:上海教育出版社,1979,頁251。

義沒落的時代，這時代，一切資本主義的弱點都暴露出來，而新的
理想社會又未建立，我們祇看到社會的黑暗面，罪惡，痛苦，悲慘，
然又無法拯救這些黑暗，罪惡，痛苦，悲慘的辦法，所以祇有把它
們赤裸裸地描寫出來。……但是文藝並不僅是「現實的反映」，「社
會的表現」，「生活的實錄」，而是負有「改進」現實，「發展」社會，
「美化」生活的責任，……自七七抗戰後，國人一致認清了現行國
策的現實性與真理性，一致認為它為領導抗戰建國的最高原則，那
末，我們從事文藝工作者應以它的意識來再造自然，已達「改進」
現實，「發展」社會，「美化」生活之宏旨。〔註24〕

此處，張道藩的文章，他企圖將國家政策的指導原則視為文藝工作的動力源
頭。在他的觀察中，文藝作品不該僅是社會現實的單純反映，它更肩負著改
革社會與美化生活的種種功能。就張道藩而言，所謂的「反映社會」的「現
實文藝」並不對國家社會具有積極的作用，因為這「現實文藝」充其量只是
一種「社會問題」的單純表現，它並無法真正進一步解決國家社會中所充斥
的問題。相反地，這種「單純」反映社會現實的文藝卻厚描著社會黑暗面，
而導致人民大眾僅能以痛苦、黑暗的悲觀角度來看待社會中的日常生活，使
得人民大眾失去在社會生活中該有的活力。故此，張道藩從批判「現實文藝」
的角度出發，認為文藝真正的效用是在於「改進」現實、「發展」社會、「美
化」生活，不應該只是「現實生活的表現」，它應該成為「美化」生活的器具，
而使得社會、文化在文藝的陶冶下，朝向國家政策所領導的「真理性」與「現
實性」目標。

　　而針對這樣的目標，張道藩進一步在文中指出和文藝相關的四項基本原
則與「六不」和「五要」的文藝政策，而這四項原則與「六不」、「五要」的
文藝政策分別是：「（一）謀全國人民的生存，（二）事實地解決問題的方法，
（三）仁愛為民生的重心，（四）國族至上。」〔註25〕而所謂的「六不」為：
（一）不寫社會黑暗面，（二）不挑撥階級的仇恨，（三）不帶悲觀色彩，（四）

〔註24〕張道藩，〈我們所需要的文藝政策〉，《文藝先鋒》第一卷第一期，一九四二年
　　　　九月一號出版；收於《張道藩先生文集》，台北市：九歌出版公司，1999〔民
　　　　88〕，頁597。
〔註25〕張道藩，〈我們所需要的文藝政策〉，《文藝先鋒》第一卷第一期，一九四二年
　　　　九月一號出版。

不表現浪漫情調，（五）不寫無意義的作品，（六）不表現不正確的意識。所謂的「五要」則是：「（一）要創造我們的民族文藝，（二）要爲最痛苦的平民寫作，（三）要以民族的立場而寫作，（四）要從理智裏產作品，（五）要用現實的形式。」〔註26〕此處，張道藩進一步將文藝創作目標與國族、民族立場加以聯繫起來，使得文藝的創作可以服務於民族的最高利益。這也就是說，在張道藩的觀點中文藝創作它不僅要有社會價值，更要能服務於國家利益，而所有的文藝工作必須要在以國家爲前提的名義之下，它才可以獲得其本身的文藝價值。從這個角度來觀察，我們不難發現張道藩將文藝創作的美學價值，再一次的與國家的神聖性加以連結。在這樣連結的過程中，它不但使得文藝趨近於國家利益，也再一次讓國家的價值利益可以經由文藝創作的過程表現出來。

然而，這樣的觀點，張道藩更在 1947 年後提出「國家至上，民族至上」〔註27〕的說辭，並且進一步提出了「文學再革命」的口號，號召「樹立興國文學，建國文學，反對亡國文學，打倒禍國文學」，強調「文學之自由與民主是以國家民族的利益作爲它的前題」。〔註28〕

而與張道藩相似的論述，也同樣出現在 1947 年的台灣。當時，台灣省政府爲了「洗雪二二八事變的恥辱」，〔註29〕便希望藉由新文化運動的推展來號召省內台胞的團結，故而在〈新文化運動綱領〉中就曾指出，

〔註26〕 張道藩，〈我們所需要的文藝政策〉，《文藝先鋒》第一卷第一期，一九四二年九月一號出版。

〔註27〕 〈文藝作家對於當前大時代應有的認識和努力〉，《文藝先鋒》十一卷二期，1947 年八月三十一號出版；轉引自倪偉，《「民族」想像與國家統治》，上海教育出版社，2003，頁 294～296。

〔註28〕 〈文學再革命綱領（草案）〉，《文藝先鋒》第十二卷一期，一九四八年一月三十一號出版；轉引自倪偉，《「民族」想像與國家統治》，上海教育出版社，2003，頁 294～296。

〔註29〕 台灣省新文化運動委員會民眾大會，昨（一）日下午二時在台北市中山堂召開，到林獻堂，劉啓光，游彌堅，杜聰明，謝東閔，劉明，周延壽等，……說明召開新文化運動大會之目的，……強調本省同胞與內地同胞切實合作，認識新時代，新環境，新生活，挽救「二二八」事變已損之台胞名譽，洗雪「二二八」事變之恥辱，擁護蔣主席及國民政府，反對少數外國走狗之國際託管謬論，林獻堂氏更呼籲本省同胞，胸懷須放大，勿如井底蛙之坐井觀天，祖國萬里河山，正待吾等雄飛與建設開發，吾等正須以遠大眼光，與內地同胞努力合作，共同奮鬥，從今日起屬行新文化運動之十二條綱領。〈省新文化運委會昨天開民眾大會〉，《新生報》1947.5.2。

　　……希望大家一致奮起，參加新智識新文化運動，啟導全省同胞，
認識新時代……建立新認識新生活，與全國同胞攜手，共建三民主
義新中國，三民主義新台灣，三民主義新文化，我們的目標是：一，
擁護 蔣主席及國民政府，領導建國，糾正獨立即託管謬論。二，建
立正迷之國家觀念，糾正宿戀日本統治之錯誤思想。三，確立堅定
不移之三民主義信仰，糾正迷信共產主義邪說。四，建立對國家民
族之正確認識，糾正日人誣蔑我國之宣傳。五，培植對全國同胞之
親愛精神，糾正狹隘之地方觀念。六，建立正確之政治認識，糾正
對民主自由之曲解。七，建立尊長敬賢之社會倫常，糾正長幼無序
之悖理現象。八，普及國文國語，避免日常日文日語。九，宣揚四
維八德，實行新生活，重建國民道德。十，獎助深究國學發揚民族
精神。十一，獎助研究發明，提高科學水準。十二，獎勵體育增進
保建衛生思想。〔註30〕

　在這裡，國民政府認為在二二八事件之後台灣社會必須重新整合，因此國府
希望藉著文化運動的介入來導引台灣社會文化正當的走向。然而這樣的文化
運動又該如何導引人民呢？此處，國府先是確立了人民對領袖與擁護政府的
忠貞概念，希望藉國家領袖的擁戴而達到全國同胞攜手連結、親愛精誠的可
能。針對這樣的連結，省府更進一步以三民主義的信仰來串聯，期待三民主
義的推展能激發省內同胞的向心力。不過，這樣的文化運動它具有著兩個有
趣的推進力道：省府首先藉著喚起省內外民眾就外在對國家大義、領袖擁戴
的認同機制，再從中配套進一個特殊的三民主義價值邏輯，來鞏固其認同機
制的合法性運作。顯然，1947 年所推展的新文化運動，是希望藉著對於外在
國家領袖一致的擁戴到內在精神信仰的同一，進而打造出一個全新的三民主
義新中國、新台灣、新文化的國家想像。

　　從上面的分析，不管是張道藩在 1947 年前後的論述邏輯，還是之後在台
灣所推展的新文化運動，基本上都分享著一種從國家出發而向內收攏的聚合
想像。這種聚合想像，實際上執行著一種動力模式，它藉著「要」與「不要」
──區辨、排除的兩種分力加以展開，並進一步使「要」與「不要」的空間
實質化。這也就意味著，在這裡國府所提倡的新文化、新台灣、新中國，基

──────────────

〔註30〕〈台灣省新文化運委會告全國同胞書〉，《新生報》，1947.4.30。原文：即建立
　　　　正迷之國家觀念，糾正宿戀日本統治之錯誤思想。

本上它是一個「單位」，而這種「單位」之所以可以空間化，是藉著其內在對於「領袖國家」的擁戴與「三民主義」的信仰所加以構築出來的。因此，由張道藩的論點所建構出的新國家，便根本突顯著「要」與「不要」之間的擺置動力，從而那些所謂的「要」，也並非構成『我們』的對立面，但卻是提供「不要」可以具體給出「『我們』不可能的象徵（the symbol）」（Mouffe，2000:12～13）。這也就意味著，任何新國家、新文化的出現，都不必然成為國家、領袖、主義不可能的對立面。尤其此過程中，如無法超脫國家、領袖、主義具體給出的形構模式，那這新文化、新國家、新台灣的表現，也只不過是符合了國家對就利益的要求，進而允許了國家主導各種「要」（按：五要）與「不要」（按：六不）的文化價值。

不過，我想強調的是，這種「要」與「不要」的執行基本上是從「顯示」與「遮蔽」的邏輯演譯而來的，它所順應的是一種權力形式的介入與鋪陳，它企圖挪置出人民共同的品質，而導引人民共同出現在「三民主義」的新文化之中。不管是張道藩的觀點，或是1947年對於新文化運動的論述，我們都察覺到在它強調「新文化」、「新台灣」可以「要」的過程裡，它隱含著——「要」的顯露是必須藉著在三民主義（rule）國家大義的規劃所進行，但這「顯露」卻也完成了「遮蔽」的雙重作用。在這樣的邏輯之下，各種文藝與新文化是透過不斷掩蔽社會文化的「黑暗面」、「階級性」來完成自身，它經由一組篩檢的「遮蔽」邏輯適時「顯露」出所需求的「社會現實」。而顯露的遮蔽，恰好說明它是既被排除卻又納入的生活處境，它藉著「遴選」「要」的文化元素來剔除「不要」的文化表現。在國府的新文化運動中，我們也看見這種控管企圖巧妙藉著國家與個人生命的轉換〔註31〕，將個人生命的意義填補上國家、主義、領袖的價值意涵，而使得個人生命的完成，能直接對應到國家價值的完成。在這裡，國府的政治力量於1947年二二八事件之後逐步的擴展，當時在魏道明省府上台後，國府的黨政勢力就一手總攬了台灣文宣的發聲機制，各種「反共產主義邪說」的論點更是明顯地佔據了論述領域，而從此「國家權力」不但企圖經由外在的

〔註31〕 在同年新文化委員會更進一步會函教育廳，建議重申禁用日文，並且敕令全省各級學校，不論在校室內或課外談話，皆禁用日本語。並制定星期一、星期三兩日為「國語日」，凡是在學校內，不論教師，職員，以及學生，均須用國語，共力推行國語以期台灣人為一完全之中國人。參考〈新文化委會函教育廳建議重申禁用日語——擬補助各校經費推行國語 使台胞能成為完全中國人〉，《新生報》，1947.5.28。

統一性而達致人民內在的普全性，權力——它更形成一種透明的形式，近乎穿透各種中介，適時地將個人在政治生活上的地位完全挪用，進而使個人不得不直接面對國家的擁戴、領袖的忠誠以及對於信仰堅定的要求。但也就在讓人民直接面對國家威權執行的過程裡，再一次讓人民經由自身的截肢與相對剝奪的程序，共創一種新台灣、新中國、新文化的共同單位與顯露空間〔註32〕。

　　而如無法持續抵制這「要」與「不要」的「共同」結構，為你、我、他不同生命的歷程打開獨特的展露過程，反倒朝向一種方式、一個主義出現，那麼我們就必須要質問：所謂的「共同性」（Common）就是「一致」（the one）的同義複詞嗎？還是說，追求「一致」的「共同性」，不過突顯著生命治理最迫切的渴望，而使「內聚」（inclusion）與「排除」（exclusion）的動力原則，能直接對應於不同的生命形式。但「共同」Common 不也意味著 Commune——共處、共居，而「共同」（陣線），難道不能是思想「聯繫」的「分享」（sharing）？不能是抗拒同一化運作，那持續斷開切口的「表達」（articulation）？

　　其實，就在省內推行新文化運動的同年，省內外的知識份子也開始積極的思考這場「新文化運動」的真諦。當時，在《新生報》、《中華日報》的幾篇社論中更是認為，在台灣「一種新文化運動，使台灣適應時代，邁步前進，這實是需要的。不過所謂新文化，怎樣才是『新』，怎樣才適合台灣，必須先要有正確的認識」。〔註33〕因此，社論中強調所謂的新文化運動的真義，並不是在倡導一種主義活動，它真正的目的是在讓省內外同胞「打開腹腸，相互解釋」，使彼此可以在「虛心誠意之間」「互相討論，互相學習」，〔註34〕並且藉著這樣的活動讓彼此認識到雙方所承接的社會文化「在大同之中也可能有小異」，而「本省有其特殊的歷史因素」必須尊重「其特殊內容」，「不需要強調毫無二致」。〔註35〕甚至，當時許壽裳在國府提倡新文化運動的同時，則以五四運動的內涵來轉換國府文化運動的形式。他在〈台灣需要一個新的五四運動〉一文中強調台灣「重歸祖國，台灣人與各省人同處於同等地位，無尊

〔註32〕也就如同阿岡本指出的「神聖之人」（sacred man）的問題。Giorgio Agamben, *Homo Sacer: Sovereign Power and Bare Life*, trans Daniel Heller-Roazen. Standford : Standford University Press, 1998, p131.

〔註33〕〈對於新文化運動的意見〉，《新生報》，1947.4.30。

〔註34〕〈如何消除隔膜發揚民族精神——台灣新文化運動之我見〉，《新生報》，1947.5.28。

〔註35〕〈本省新文化運動的批判〉，《中華日報》，1947.5.5。

卑貴賤之別」，目前的台灣首要的工作是「培養民主精神」、「提倡科學」的態度，讓國家的事務可以在「全民共同處理，不是由個人獨裁，或少數人統治」的情況下集思廣益地「開一條新的途徑」。此外，他更希望藉著「道德實踐」與「民族主義」的發揚，讓省內外同胞可在「孔墨以來就講忠恕仁愛」的精神中重新學習包容與理解，同時也期待經由孔墨「利他主義」的宣導，讓各種差異的社會文化不會在「專謀利己」〔註36〕的收攏中而專斷。

　　而面對國府所積極佈署的新文化運動時，江默流則曾語帶嘲諷的說：如果文化運動只是「一次動人的政治演說，僅能使人感動一時」，〔註37〕畢竟政治召喚出的人民情感是短暫的，並不能接受時間的考驗。然而，要促使民眾可以相互的來往與觸探，最終還是要藉著在社會文化中彼此的擴展和聯繫才有可能發生，因此他認為此時文藝扮演著這種文化觸媒的重要角色，他說，

> 本省同胞是愛護祖國的，但他們對祖國的了解卻非常不夠，要改變
> 這種現象，有賴於教育和宣傳。教育宣傳中有一個極有效的工具，
> 那就是新文藝。...目前的台灣更需要新文藝。我們要大聲疾呼：擴
> 大新文藝的領域！所謂擴大新文藝，它包含兩點意義：第一、從地
> 理上說，新文藝要跨過海峽，擴大到台灣來。第二、從讀者方面來
> 說，它不應限于學生，教師，公務員和智識青年，廣大的工人，商
> 人和受過教育的農民，新文藝也急切需要把他們爭取過來。〔註38〕

這裡，江默流企圖藉文藝的擴大來連結兩岸的人民，促使兩岸文藝的互動、溝通，甚至是理解。但是這樣的互動，作者並不侷限在橫向的擴展上，他更希望爭取縱向各個階層民眾，活絡文藝的連結，使這新文藝可體現聯繫與溝通的可能。針對擴展新文藝的理念，《新生報》〈迎文藝節〉一文中更指出，

> 在這新文化運動中，文學一定會成為有力的武器。因此，介紹祖國
> 新文學就成為現在刻不容緩的急務。文學不能「閉關自守」，世界文
> 學是彼此相互影響的，因此，台灣新的文學一定要同世界文學取得
> 聯繫。……最後，我們聲明：「文藝」不是「同人」刊物。「文藝」

〔註36〕 許壽裳，〈台灣需要一個新的五四運動〉，《新生報》，1947.5.4；在《中華日報》一篇以〈紀念五四〉的社論中也提出相似的見解。《中華日報》，1947.5.3。
〔註37〕 江默流〈擴大新文藝的領域〉，《中華日報》，1947.4.20。
〔註38〕 江默流〈擴大新文藝的領域〉，《中華日報》，1947.4.20。

　　熱烈歡迎讀者的援助！賜稿！僅願讀者愛護他，培養他，隨時把自
　　己的意見提供我們。〔註39〕

不是「同人」刊物，指出了《文藝》週刊介紹詞中的關鍵意涵。這裡，介紹
詞藉著轉換新文化運動中對於文藝「五要」、「六不」的要求，而承認文學可
以成為有力的影響力，但是這種文學是必須有一種開放的姿態，它必須要能
夠與「世界的文學取得聯繫」，它不能僅是滿足在「五要」、「六不」的形式要
求之中。因此，在文章中編者寄望藉文學的力量，可以進一步呈現「積極」
又具「建設的文藝批評」〔註40〕，使得社會的黑暗、現實可以在文學的作用
下被反覆的探問。

　　經過這樣的往來討論，我們都看到了知識份子企圖藉著「擴大文藝」的
方式來呈現社會、文化的開放性。不過此處，我卻想要提出一點有趣的觀察，
也就是這種「擴大文藝」的「擴大」，其實意味著透過「擴大」來鬆動「新文
化運動」自身侷限的想像，使得人民的聲音可以發聲。在前面的討論中，我
們可以知道「新文化運動」其實執行著一種區辨與劃界的裁切邏輯，在國家
主義的聲調中，它否定（不要）著其他存在彼此顯露的可能。因此，在《新
生報》與《中華日報》的討論中，他們積極的強調「打開腹腸，相互解釋」、
「在大同之中也可能有小異」的論點，除了是企圖從「利他」（other）的角度
反省「新文化運動」的侷限之外，更為根本的動機在於解開同質化的暴力結
構。許壽裳他們知道，在新文化運動構置中，既沒有包含對於兩岸歷史差異
的理解，也沒有進一步探索兩岸人民的聲音。它並不關心人民間的溝通，也
不倡導創作的自由，也不全然只是想要「團結」省內同胞，反而顯露的是想
要完成自身對於領袖、主義、國家偉大理念的企圖。但人民的「團結」，並不
對等於國家領袖的忠誠作業，因此，許壽裳、江默流等人企圖藉著文藝擴大
的連結，讓各社會、文化各個領域、階層曾歷經的生命脈絡可以發聲（發生），
甚至經由省內外聯繫與各領域間的互動來促成理解的可能。故此，所謂的「擴
大」與「聯繫」是朝向社會開放的，是一種讓社會、民眾發聲的可能性，他

〔註39〕　〈迎文藝節〉，《新生報》，1947.5.4。
〔註40〕　（一）正確健康的文藝理論，積極建設的文藝批評；（二）反映社會現實的短
　　　　　篇小說，要有黑暗的曝露，也要有光明的歌誦；（三）冷諷熱嘲的雜感，珠圓
　　　　　玉潤的抒情小品；（四）言之有物的詩歌，但要藝術化，而不是口號詩；（五）
　　　　　世界文學名著的分析介紹；（六）世界文學家的評傳；（七）當代作家的介紹；
　　　　　（八）世界文壇的動態：〈迎文藝節〉，《新生報》，1947.5.4。

們所思考的是「擴」——斷開「主權」的封閉性，讓「大」——眾多外部的可能性可以出現。

但是，此處我們必須進一步推進思考的是，知識份子對於「擴大」的「連結」是否也僅是再一次描繪出該「被」擴大的界限？所謂的「擴大文藝」是否也僅是對於「五要」、「六不」的對立面，它所執行的同樣是一種「界限」的確定，進而洩漏了其「擴大」與「界限」間相去不遠的邏輯呢？還是說，在思考「擴大文藝」可能性的同時，也就是對於一種超越界限的思考，對於社會文化中各形形色色的想像，當時楊逵在〈台灣新文學停頓の檢討〉一文中就曾經具體的描述指出，

> ……無論演員多麼傑出，若是沒有適當的舞台供其發揮精湛的演技，也是減低了他的價值。同樣的，打破文學停頓的另外一個工作，創造以大眾的支持為基礎、公正不偏的舞台是必要的條件。以本報、《新生報》、《中華日報》為首的島內各大報，已經開始推出副刊。這對我們而言，是一個大希望，……由於日本極力阻礙中國與島內文化交流，而且是長期如此，所以導致我們現在必須苦於多重隔閡。為了彌補這個鴻溝，我們必須付出過人的努力。具體的做法如下：作家的交流、刊物的交換，以及作品的交換等等，形形色色，但是我們必須一一切實實行，克服這個困難。最後一個停頓的因素，我認為是文藝工作者缺少大團結。我們需要的不是掛個「招牌」而已，文藝工作者中的每一位，必須自動自發地團結，由我們自己成立自主、民主的團體，聽說內地已有文聯組織，因此透過文聯，全國的文藝工作者團結工作，這是我們的好榜樣。在台灣，也要加強台灣本身的大團結，同和全國性的組織「文聯」匯合。〔註41〕

在這裡，楊逵希望台灣的文藝工作者，可以藉由文協的方式相互團結、相互交流，將「形形色色」的社會現實呈現給民眾，而不以一種佔據、替代的手段來完成自身。不過，值得進一步深入思考的是這種「形形色色」的概念，如果所謂的形形色色意味著讓社會各種歧異的獨特性可以出現的話，那我們可以說「形形色色」的可能性從來就不外在於社會結構，因為人（形形色色）總是已經（always already）在結構內，無法根本的脫離社會、文化的象徵結構，而「形形色色」的可能性之所以被侷限，是因為社會文化本身自我的結構化

〔註41〕楊逵，〈台灣新文學停頓の檢討〉，《和平日報》，第三期，1946.5.24。

與固定化。或許，我們可以這樣說：對於「形形色色」的思考，其實是在被限制的文化界限「內」對於「可能性」的思考。而這樣的思考，企圖藉著「形形色色」的連結來活化在社會中被結構化的界限，並從中解開此結構形成的制約。貝斯特（Best）就曾經指出，將意義接合爲論述的場域，並不是一個自然的結果，相對地，形形色色的接合（articulation）根本就是──「強力的行動」（act of power）。〔註42〕這也就是說，各種意義的出現都並非是客觀，而「開放」與「形形色色」的想像，其實是一種對於邊界底線最爲基進的探問。畢竟，「界限」並不會指涉自身，如果能夠思考社會既定的法則、文化的禁忌，就是另一次積極地打開、或是中斷各種禁忌、神聖化指涉的過程。所以，這種文藝的匯合（團結）並不指涉著「組織化」（按：新文化運動）。因爲，作家們在彼此交流、刊物互相交換的過程中，卻不以佔據、或替代的方式來加以聚合，反而藉著相互主動地交流、中斷、觸探彼此的界限，讓雙方的意義可以產生，不再侷限於只有一種「主義」的構連方式。

　　實際上，當時《新生報》與《中華日報》就充分的顯露出這種連結與積極挑戰思想界限的姿態。1947年，《中華日報》爲了紀念文藝節，特別以〈紀念第三屆文藝節〉〔註43〕爲台灣民眾詳細介紹了中國新文藝的起源、創作以及文藝理論的動態，而隔年同樣也以〈紀念文藝節〉〔註44〕企圖喚醒對五四精神的關注。同年，在《橋》副刊上不但倡議著台灣新文學運動，更舉辦了兩次省內外作家互動的作者茶會，而揚風進一步提出「文藝陣線」的建議，楊逵則在〈如何建立台灣新文學〉一文中再次重申相同的主張：

　　……眞正的文藝工作者們結成爲一個自己的團體，不要被名士操縱，發行文藝雜誌及文藝新聞，介紹各方面文藝活動的消息，成爲一個文藝舞台。……各地的文藝工作者集合愛好文藝的同志鼓吹並召開文藝座談會，由各文化雜誌編者擬題鼓勵關於新文學諸問題的討論，創作與批評，同時將各座談會的消息及報告在各雜誌揭載。……文藝工作者的團體成立後由各報副刊編者協助物色翻譯人

〔註42〕Beverley Best, "Necessarily Contingent, Equally Different and Relatively Universal: The Antinomies of Ernesto Laclau's Social Logic of Hegemony", *Rethinking Marxism*, 2000 12:38～57.

〔註43〕《中華日報》，1947.5.4：〈中國新文藝道路〉；明明，〈一點感想──紀念第三屆文藝節〉；遺珠，〈跨出第一步〉。

〔註44〕《中華日報》，1948.5.4：江默流，〈冷落的節日〉；歐陽漫岡，〈寫在第四屆文藝節〉；邱傳，〈木刻作者的情緒，思想與態度〉；之萌，〈文藝節談文藝〉。

員從事翻譯並揭載以日文寫的文藝作品。..使省內外的作家及作品活
潑交流。……為使文學與人民大眾聯繫在一起，喚起群眾興趣，鼓
勵群眾參加文藝工作及創抒，提倡寫實的報告文學。〔註45〕

在這裡，《橋》副刊不但回應了前面文聯對於五四文藝節以來的理念，《橋》
上的作家更企圖以台灣新文學運動來推展文藝陣線的想像。而此處，楊逵從
作家的能動性著手，提醒當時的作家必須要有個人的能動性，不可以被社會
外在的結構因素所操控。同時，他也希望此時的作家們可以相互交流、相互
連結，提倡各種文藝座談、雜誌、活動的出現，讓文藝活動可以在彼此連結
的過程中獲得舞台，創作出反映社會現實的文藝作品。

　　而《橋》上的另一為作家蕭狄，除了呼籲省內外作家必須攜手合作、相
互了解之外，他更希望省內外作家能夠藉著文藝的交流，觸碰彼此的矛盾與
差異性，進而在矛盾與差異中相互理解，創作出反映出台灣社會文化的作品，

事實上我不是「橋」的一個作者，和編者也是素昧平生的。我過去
雖也零碎地寫過一些東西，一向並不敢自稱為文藝作家，但是我願
意對於台灣文學運動提出一點意見，「橋」編者舉辦這個會，而且巡
迴的舉行，是件有意義的事。作者決不應該祇是關著門，用自己的
主觀寫作，一方面他們必須深入地去體驗社會，一方面也應該有和
同道有互相檢討互相研究的機會。在這一類的集會中，紛擾的意見
是不能避免的，但是有矛盾才有發展，有衝突才有進步，這是公認
的事實。……我有一個要求，我要求曾經在日本統治之下堅強奮鬥
過的台灣作家，多寫出一些介紹台灣、反映台灣的文章來。(即是不
能用中文寫，用日文寫再請人譯也可以，總比日本人寫的觀點要正
確些。) 我要求內地來的作家們，把「能真實地反映中國作品」帶
到這裡來，請大家在互相瞭解上開始。我還希望台灣作家能和內地
來的作家共同合作，來集體創作出一些真正反映台灣的東西，這樣
經過一個時期的努力，台灣新文學才能奠下基礎。〔註46〕

蕭狄進一步探就了文藝連結的內部差異。他認為，文藝工作無法主觀單一的
進行，必須開放自己與社會上各個層級相互的溝通與聯繫，使得自己能夠深
刻的體驗社會中各種差異的景況。他同時也強調這種差異的景況是不能避免

〔註45〕 楊逵，〈如何建立台灣新文學〉，《橋》副刊，1948.3.29。
〔註46〕 蕭狄，〈瞭解、生根、合作──彰化文藝茶會報告之一〉，《橋》副刊，1948.6.2。

的,它不僅存在社會之中,也存在各個文藝工作者身上,而這種差異同時也是一種多樣性的展現,差異並不成為文藝工作的阻礙,相反地,經過聯繫與溝通,這樣的矛盾與衝突反而成為發展與進步的主要因素。

此時,駱駝英則藉由中國革命的歷史特點來介紹統一戰線形成。他認為,統一戰線自五四以來就與舊文藝之間做著最激烈的論爭,這樣的論爭到了抗戰時期更是廣闊的發展。他以為《橋》上這幾次的文藝座談會便是文藝陣線初步的象徵,但他同時也認為文藝陣線不一定是有形的組織,他說,

> 文藝(與整個文化)上的統一戰線,不一定是有形的組織(能夠容許有形的就更好),只要共同向著求民主解放求進步這個總目標,共同執行對外思想鬥爭任務(思想鬥爭是作為經濟矛盾的集中的表現的政治鬥爭的反映及其一個必要的部分),也可稱為形成統一戰線(這是無形,但也是有形的)。因此,要使統一戰線產生並加強其鞏固性及其力量,儘管其中各人的階級立場思想意識互有差異,尊重現實服務人民這一原則是決不可違背的,否則(即使有了有形的組織)也就沒有統一戰線可言了。……知識理論作為統一戰線的領導思想。並不意味著哪一種思想應該獨霸文壇,獨霸統一戰線,使大家的思想失去「自由」。……統一戰線不但在對外鬥爭下的目標下形成的戰鬥性組織,就是其內部亦不應當是和平的結合,……對內鬥爭須得是原則性的鬥爭,且基本上態度應該是善意的。……即承認客觀的存在決定主觀的意識,主觀的意識亦能被動地反作用於客觀的存在,這種主觀與客觀的辯證的統一,正確地把握住現實相互關聯不斷運動及其必然的發展,正確地把握住現實的本質,……它已不是機械地刻劃現實的表面……而是反映其本質真理,無限的關係及必然的發展。〔註47〕

順著駱駝英的論點出發,我們可以發現統一戰線實際上它是對於民主的一種思考。所謂的鬥爭,即是「承認客觀的存在決定主觀的意識」,也就是能夠藉著辨證的能動而重新理解——現實無法經由本質的角度來加以認識,在現實之中本身即蘊含著各種不斷的運動與關係。這也就意味著,鬥爭也僅是一種思想的活化——「它已不是機械地刻化現實的表面」,而是企圖在交換的過程中改變僵化的思考,並且經由改變讓認識可以離開固定的結構,不再自我侷

〔註47〕駱駝英,〈論台灣文學諸爭論〉,《橋》副刊,1948.7.30～8.23。

限。實際上，駱駝英的論點指出了，這認識的改變不僅是外部性的，更是在思想能「自由」重組的「戰線」中發揮作用，它藉著讓思想不斷開放，接受其他社會、文化、階級的脈絡，轉而能朝向於分析其中的複雜性。尤其，進一步深入駱駝英的論點，不獨霸各種思想、也不獨霸統一陣線，就前者而言它突顯了對台灣差異歷史的肯定，而就後者而言，則又帶出統一陣線其期待在「客觀」存在的觸發下能持續對「主觀」進行調整，並使社會、文化之間種種「形形色色」的差異及可能性，可以聯而不齊的自由展現。

　　不過，在這裡我卻想要再一次強調「擴大」與「形形色色」之間的關聯。從前面的討論中，可以理解所謂的「新文化運動」，其實是藉著「要」與「不要」的邏輯所生產出的普遍界限。就如同前面分析的，這種「要」與「不要」洩漏的是一種政治結構企圖控管民眾的欲望。但楊逵、江默流與駱駝英等人卻提出另一種思考的可能性，在楊逵等人的論述中並不預設著普遍存在的區分，相對的他們卻藉著「擴大」文藝讓各種「形形色色」的聲音可以被表達、接合（articulate）。霍爾（S.Hall）就曾經生動的解釋道：表達、接合具有雙重意義，首先表達、接合意指為「再現、說出、具體陳述，它承載著語言狀態（languageing）、表達意義」。另外，霍爾更指出，表達、接合就如同一部「聯結」車，車頭與車身可以但不一定聯結起來，透過扣環車頭與車身可以相互聯結，但卻又各為個體。從這兩個層面而言，表達與接合是指我們可以在特定的情況下將不同的元素，相互的接連起來，但是這樣的接連不是「永遠必然的、被決定的、絕對的、本質的」，實際上它是不同的、相異元素的接合，這些元素可以通過不同的方式互相組合。（Hall&陳光興，1998：125）其實，表達──說出（articulate）在英文的意義意味著：發音清晰的、連接、接合與明白地說。〔註48〕當一個字，沒有母音與子音之間的「接合」，它就根本沒有辦法「清楚的說出」。易言之，說出它指向一個對象，但是它同時必須藉著接合，指出一個對象。如果，當母音與子音之間完全的熔合（fusion）的話，則字無法說出，意義也無法進一步指稱。而這樣的過程，我們進一步將其置放在社會文化的姿態下來觀察，這是否表示著：存在的群體呈現之前，群體不同部分都已是各種方式的存在。〔註49〕所以，在這裡的「擴大」有如某種分享，它並不將其意義固著，反而藉著「形形色色」的方式讓省內外的同胞可

〔註48〕 http://cdict.giga.net.tw/query/articulate/
〔註49〕 Michel Foucault ,*The Order of Things: An Archaeology of the Human Sciences*, New York : Vintage Books, 1994, p102.

以分享、可以發生，使抵制納入、抗拒排除的聲音可以表達（articulate）。也就是說，在《橋》副刊與省內文藝活動的推展過程中，它雖試圖逐漸形成一種「陣線」，但這「陣線」卻是脫離於主權意志的斷裂處，或是，它是在這斷裂處之外。它是在斷裂與斷裂不自我完成之處，讓「形形色色」的民眾能夠參與、重新撤開地「接合」。這「接合」，不轉入於主權分配的熔合，更不被「獨霸」的共識所陳述，它既讓參與者可保持自身「形形色色」的姿態相互溝通、聯繫，又在分享的過程中讓彼此的意見，可以透過《橋》或是文藝活動的形式共同出現。

但這「主觀與客觀的辯證」、「形形色色」的思考，又如何在《橋》當中被提出呢？它又以什麼樣的方式加以展現？1947 年 228 事件之後，兩岸的政治局勢在全球政治的結構下，被推擠而突顯出區域性空前的高壓。當時，各種學生運動、抗議活動，都不斷反抗著一種全面性政治壟斷的展開。《橋》副刊上的作者，所面對的「現在」正是一個政治意識高亢的階段。尤其，在地方性國共內戰的角力之下，知識份子們不得不反覆地面對普遍性政治權力的收編，而進一步思考「一般性與特殊性」之間辯證的困境。因此，為了呈現這些探索上的難點，就讓我們再一次從新進入《橋》副刊中一般性與特殊性的討論。

參、觸碰律動——台灣文學 「特殊性」 的 「一般性」

在前兩節，我們討論了 1947 年之後省內外的知識份子，藉著「台灣新文學運動」重新思考五四精神與「文化陣線」的想像，強調著相互理解、觸探的可能。但除此之外，省內外的知識份子更進一步將「台灣新文學運動」視為一種「一般性與特殊性」的辯證。他們希望藉著辯證性思考的追問，而為台灣的社會文化，推展出更多差異與包容的文化樣態。

也就是在這樣的脈絡下，透過「台灣新文學」以思考「特殊性」與「一般性」的問題，在 1948 年之後的《橋》副刊得到了展開。然而，就「特殊性」與「一般性」的問題，按照盧卡奇（Lukacs）的說法，指的是「特殊性」與「一般性」的統一而不是兩者的折衷，這樣的統一是在「普遍性」與「個別性」相互影響過程中達成的結果。〔註50〕這樣的說法，拉克勞（Laclau. E）則進一

〔註50〕Georg Lukacs（盧卡奇），《美與辯證法》，頁 162～168。

步置放在主權的概念下加以討論，他認為「普遍性乃是一個空位（empty place）必須在不同的脈絡下被特定的特殊性所填補」。〔註51〕而儂曦（Nancy）卻指出，一般性（universal）也能表現為某種特殊性（particular）絕對化（absolute）與封閉化的結果。因此，儂曦認為，唯有藉有出境（ecstasy）才能不陷入一般性與特殊性邏輯間的對立與循環。〔註52〕很明顯，「一般性」與「特殊性」並非一截然悖反的概念。相反地，正是透過兩造的相對運動，而顯示一般「化」（universalizing）與特殊「化」（particularizing）的動態過程〔註53〕。但其關鍵所在，也就在於如何藉由「接合」及「出境」（ec-stasy）的視角，來展開一般性與特殊性之間的討論。不過，此種「接合」的思想探索狀態，又如何在《橋》副刊上被呈現？它又如何持續抵抗收攏性的編制，並使思想能「出境」地不斷離開固定的位置？這如何發生？而這樣的發生又意味著什麼？

其實，就1945年國府接收而言，台灣在與中國實際接觸的歷程上不但具有政治上的矛盾，更有著文化上的衝突。國府接收初期不僅以「中國化」、「去奴化」、「民族意識」等等口號一邊收編台灣文化的異質性，另一方面更藉著打壓台灣文化的異質性，使其政治的合法性得以鞏固。二二八事件的爆發，突顯出台灣現實社會上，文化、政治與經濟的矛盾日益嚴重，省內外知識份子因此迫切意識到兩岸社會、文化如何重新對話的重要，故楊逵首先在 1948年《橋》第二次作者茶會座談會〔註54〕中拋出了台灣文學「特殊性」與「一般性」的議題，他指出，

> ……台灣文學的發端約在二十多年前，就是第一次世界大戰方才結束，民族自決的風潮遍滿世界的時候。台灣新文學運動受這風潮的影響與激動當然是很大的，而五四運動的影響也不算小。……「台

〔註51〕 Laclau, E, *Emancipation(s)*, Lodon:Verso, 1996, p61.
〔註52〕 Jean-Juc Nancy, *The Inoperative Community*, University of Minnesota , 2001, p4 ～5
〔註53〕 Laclau, E , "Identity and Hegemony: The Role of University in the Constitution of Political Logics", "Structure, History and Political" and "Constructing University" in Judith Butler, Ernesto Laclau and Slavoj Zizek, *Contingency, Hegemony, University: Contemporary Dialogues on Left*, London: Verso, 2000 , p302.
〔註54〕 歌雷在〈編者作者讀者〉中指出：第二次作者茶會由「楊逵、孫達人、陳大禹、吳瀛濤負責，經負責人的討論決定這次論題為『如何建立台灣新文學』，一、過去台灣文運動的回顧。二、台灣文學有無特殊性。三、今日台灣文學的現狀，及其應有的表現方式。四、台灣文學之路。五、台灣文藝工作者合作問題。」（《橋》副刊，1948.4.2）。

灣青年」發展到「台灣民報」再發展到「台灣新民報」日刊是台灣
人經營的唯一日刊紙。兩個台灣新文學開拓者林幼春先生是「台灣
民報」第一代社長，賴和先生當選「台灣民報」副刊主編。此後很
多文藝刊物就前仆後繼出現了。「人人」「南音」「曉鐘」「先發部隊」
「第一線」「台灣文藝」「台灣新文學」等可以說爲第一時期，就是
七七以前刊出的，這時期的特徵是以中文，或是中日文合編的。……
台灣新文學工作向來受著日本政府相當嚴重的統治，但卻也得到日
本進步份子多大的幫忙。回顧台灣新文學運動的過去，我們可以發
現到特殊性倒是語言上的問題，在思想上的「反帝反封建與科學民
主」這一點，與國內卻無二致。〔註55〕

從台灣特殊的殖民歷史經驗出發，楊逵強調台灣文學著床於台灣歷史的殖民
情境，但卻又不爲殖民政治的壓迫所影響，一直以來在台灣的殖民歷史中都
扮演著號召人民對抗殖民政治的重要角色。其中，無論是「人人」、「南音」、
「曉鐘」等等的進步雜誌，它們都充分顯示了台灣文學與當時中國反對帝國
主義擴張的思想是一致的。但楊逵也同時暗示，國府初期在台灣的文學活動
受到「政治條件與政治的變動」，而「寫作空間受到限制」，因此，他期望台
灣文學可以再一次恢復以往的抗爭活力，恢復對於現實社會的批判。

　　不過，楊逵等人於《橋》副刊上倡議台灣新文學運動之後，即引來多方
的反應。其中，錢歌川在中華日報《海風》副刊中，就一度質疑了台灣新文
學運動的可能。他認爲，台灣文學受到日本人的壓迫與作家的壓抑，在本質
上並沒有太大的進展。他強調，如果台灣的文藝作家要發展文學，就必須往
「全國性」的方向邁去才是。他說，

我以爲現在台灣的文藝作家，應該把寫作的範圍縮小到自己的鄉
土，把發表的範圍擴大到全國去。他應該把這種新鮮的內容，拿去
給祖國的文壇放一異彩，不要侷限在台灣文藝協會或聯盟的小天地
中，如果認爲上海是現在中國文藝中心，就要把作品拿到上海去發
展，因爲只有那裡的刊物，才是全國性的。〔註56〕

在錢歌川的主張中，「全國性」的文藝似乎具有某種正當性的價值判斷。也就
是說，文藝的質地必需藉由「全國性」的首肯之後，才能顯現它的價值。以

〔註55〕楊逵，〈如何建立台灣新文學——第二次作者茶會總報告〉，《橋》副刊，1948.4.7
〔註56〕錢歌川，〈如何促進台灣文運〉，中華日報《海風》副刊，1948.5.13。

他的邏輯看來，文藝的價值是具有「普全性」的，它有如某種通則，讓人可以經由它的「判斷」而提升自己獲得「普全性」的價值。很明顯，在這「提升」與「全國性」的概念之下，錢歌川隱藏著一種「同一」的趨勢判斷；也就是說，種種運動的過程裡，它最終的目的是使自己與「全國性」的概念合同爲一，而也僅有藉著「同一」，台灣文學的特殊性才能獲得其適當的位置。

　　而當時的另一位作家杜從更認爲，「取消」文學的差異性、樹立正確意識是達成「同一」與「提升」的可行方法，他說，

　　　　這種「特產」只有少數人所「特」有的，別的人根本就沒有這種「特
　　　　產」。那少數人故意（？）表示有「寶貝」，要拿出「貨色」來又拿
　　　　不出來，於是如走江湖的變把戲，先來一套鑼鼓聲，標新立異，活
　　　　活的把一個東西變爲二個東西，而後又來一套你爭我奪，表示彼此
　　　　不甘放棄這「寶貝」，其實啦，觀眾早就討厭這一套把戲了。如果這
　　　　套把戲可以收效，那麼還不是可以來一下所謂「北平新文學」，「上
　　　　海新文學」，「南京新文學」，甚至可以來一個「台北新文學」的。文
　　　　學有界限，不過是一種可笑幼稚的荒謬的話。……那麼你也不必去
　　　　買這種「特產」了！〔註57〕

在杜從的討論中，他認爲文學具有普世的價值，任何嘗試體現文學異質內涵的，都是一種荒謬的笑話。也因此，他認爲所謂的特殊性也只是一種強迫後的人爲變種，要獲得一種所謂文學的眞正價值，僅能由藉著剪除文學不道地的部份，甚至是取消取這種「特產」才能達成「一個東西」。因而，他在另一篇文章中，更是完全的反對台灣新文學的說辭：

　　　　仔細的想一想，除了語言、文學、風俗、習慣、血統不同的地方可
　　　　能獨創一個文學的系統，台灣實在沒有一個條件「以獨創一格的文
　　　　學，也決不容許獨創一格」。若是說「台灣文學」是以反帝國反封建
　　　　反侵略的精神爲特色，那麼，中國文學何嘗不是反帝國反封建反侵
　　　　略的精神爲主流？……名詞，有時候是很可以不必一提再提的，甚
　　　　至於可以淡漠置之，或是放棄吧了，可是，某一種名詞用來號召人
　　　　們而被當成「方向」和「目標」，是不能不一提再提的，並且要「是
　　　　就說是，不是就說不是」的加以判斷和糾正。〔註58〕

〔註57〕 杜從，〈所謂「建設台灣新文學」台北街頭的甲乙對話〉，中華日報《海風》
　　　　副刊，1948.6.23。
〔註58〕 杜從，〈以鑼鼓聲來湊熱鬧〉，中華日報《海風》副刊，1948.6.29。

在這裡，杜從一方面從血緣、習慣、風俗等關係中著手建立台灣文學的民族系譜，另一方面更強調台灣文學在精神結構中與中國主流文學同屬同源系統；因此，他認為台灣文學，不管是在形式上、或是精神都無法成為一種獨創的文學形式，它都必定有著中國文學根源與影響。對於「台灣新文學」的說辭，他更是強烈的反對。他以為，一種「名詞」的倡導，有其正確性是必要的，而「名、位」不實的創作方向，根本無法體現出文學的真正內涵與價值。因此，他認為台灣文學的倡議必須加以「判斷」與「糾正」，以統一於中國文學的系統之中。

不過，從錢歌川與杜從的角度展開，我們不難看到一種對於台灣文學徵召的企圖。在這強烈的徵召下，台灣文學之「名」並須經由中國文學之「名」才能說出，而台灣文學也必須統合於中國文學的系統之中。但是，所謂的「系統」它必定不是一種本質、固定的產物，既然是「系統」它就必定是有其序列、組合、關係與許許多多微小零件所形成。然而，究竟是什麼去號召這樣的關係？這樣的序列？與這樣的結合？更為根本的問題是，為何文學必須朝向系統思考，而這樣的「系統」又是怎樣完成？就錢歌川而言，他的論點著落在文學的正當性上，他認為「台灣新文學」必須從自己的特殊性朝向「全國性」的轉換，這樣也才有可能成就一種所謂的革新運動；但杜從則進一步將台灣的「特產」加以放棄，他更認為文學必須具有其「血統」的源流，才可能賦予「獨創」價值的特徵，而台灣文學完成的同時，也是「血統」與「獨創」價值的完成，更是中國文學的完成。就在這「全國性」與「血統」的討論中，我們看到一種抽象的概念——中國文學逐漸形成，它以否定特殊性的固執形式來維持自身的系統秩序。按著錢歌川與杜從所提議的，不難發現中國文學系統內部所擁有的種種序列組合，變成了內在形式的法則，而這種形式法則，自律的將其自身的理念普遍化為宰制的關係，以至於杜從才會接著說：台灣實在沒有一個條件「以獨創一格的文學，也決不容許獨創一格」。

很顯然，錢歌川、杜從的論點，都可以巧妙地構搭為合理化國府執行於兩岸文藝政策的主張。但是，在此處我想提醒的卻是文學形式和社會之間的關係。從錢歌川與杜從的說辭裡，我們很難忽視其背後都隱含著一種對於社會關係的隱喻，他們希望以社會與文學的相互穩固來達成各種秩序的維持。我們不能否認文學、藝術本身就具有其主觀性，而當它擺脫了客觀世界的聯繫，它在創作的過程裡就會顯得既獨立、或專斷。特別是，當它轉換至社會

關係面向時，它原先內化的主觀關係也就會向外擴張。所以，杜從等人藉著社會與文學的相互穩固來介入，其中有著終極的矛盾。首先，他們忽略了文學形式本身的主觀性，而另一方面，卻又以社會的介入維持這專斷性的擴張，甚至引導一種緊張的審查標準（審美標準），企圖完善這整個系統的總體運作。認識這種關係之後，在我們思考「台灣新文學」的同時，一種本質的文學（文化）形式本身就是我們應該去加以批判的。

或許，就讓我們再回到楊逵的思考並進一步的問題化。順著楊逵的角度，我們可以發現「台灣文學」所代表的是一種對本質文化的批判。但楊逵藉「一般性」與「特殊性」所試圖打開的「台灣新文學」，如何能使《橋》副刊上的作家一方面批判國府文藝「一般性」的傾向，而另一方面又不以主觀的封閉性完成「特殊性」的構成？也就是說，《橋》上的作家在思考文學內部專斷性的同時，又如何去翻轉「特殊性」與「一般性」之間的辨證關係？

當時，針對「特殊性」與「一般性」的探索，無疑是企圖反省文藝創作主觀性的一種嘗試。對此，歌雷就認為，

> 台灣新文學在今日的現狀中所保有的特殊性，在未來的新文學發展
> 上要經過「揚棄」的過程，有的要極力追求新的道路與改進，有的
> 則要對於原有的傳統與精神應保有與發揚，……〔註59〕

歌雷首先肯定了台灣文學的特殊性。同樣，他也察覺文學與專斷性之間的問題。因此，他指出具有獨特性的文學，是因為它能透過不同的側面與現實發生關係，並在抵抗性的書寫裡表現生命律動「揚棄」各種佔據性動力。對此，歌雷則進一步闡明了「文學」與「現實」之間的辨證過程，他表明，

> 在過去反抗日本的鬥爭中，作家的創作心理與反抗統治心理是融合
> 為一的，因此在富於民族意識的創作心理中，也有特別保有民間的
> 形式與人民的痛苦及要求相融合，因此台灣作家的成功作品大都保
> 有一個強烈的共通點，就是民間的文藝形式與現實化。〔註60〕

「反抗」普遍性的「統治」，組織成歌雷闡明文學特殊性創作的主要論點，而與現實有機的「融合」，則意味著文學的抵抗性並非指向單一系統，它可以透過不同的「創作心理」而有不同豐富的抵抗性表達。能不自我封閉，「感受人民的痛苦」、對生活「現實」面擴展出深刻思索，並呈現出「民間」多樣的介入管道，

〔註59〕歌雷，〈關於台灣文學的特殊性及其應有的三種努力〉，《橋》副刊，1948.4.9。
〔註60〕歌雷，〈關於台灣文學的特殊性及其應有的三種努力〉，《橋》副刊，1948.4.9。

這樣的台灣新文學勢必也就不會僅侷限於「台灣文學的地域性」，反倒會透過台灣特殊的歷史經驗，使台灣新文學反映「現實性的真實與民間形式的運作」。

這裡，歌雷辯證地點出社會與個人在文學上的關係。在創作方面，歌雷首先認爲台灣文學的創作是由作家從現實社會的生活層面出發，藉著表達殖民生活的痛楚與苦悶，反覆探索生活中內在性的價值矛盾與人性的脆弱。透過這樣的描寫，不但表現出了台灣文學反映社會經驗的現實性格，另一方面也透露出台灣在經歷殖民歷史過程中的現實矛盾。這也就是說，歌雷更深入的指認出台灣文學在近代以來所呈現的歷史象限，它所表現的既是台灣社會現實的，也是現實台灣社會所經歷的近代歷史的。在這樣的分析層次上，台灣文學創作的個人經驗，已經不再侷限於單子式的特殊性格、或是專斷性。它卻是藉文學作者就現實的關懷，而脫離自身的封閉狀態，展現出整體的社會焦慮與近代歷史的矛盾。正就是能以不同的方式與現實及主觀性相互辯證，才促使觸碰特殊性和一般性的律動可以重新調整，而提供思考不同歷史及社會的契機。

從這樣辯證的過中，我們看到歌雷以「特殊性」與「現實性」的相互作用，達到化解「一般性」內部收束張力的可能。但是以台灣「特殊性」體現的轉化，是否也僅是一種本質的觸碰，而「融合」會不會也只是因襲了一種長久以來的辯證傳統，實際上它並沒有對任何東西開放，只是再一次定型了「一般性」與「特殊性」之間的邏輯形構？同時，也擴大了「特殊性」立基於「一般性」的需求？或是說，我們該質疑的並不是這樣的轉化怎樣產生，而是進一步的打破這「一般性」與「特殊性」之結構，強調文化本身就具有「客觀的內在交錯性」、「真實性」，甚至是「能動性」。針對這樣的觀點雷石榆在〈台灣新文學創作方法問題〉一文中就指出，

> 從民族一定的現實環境，生活狀態，把握各階層的典型的性格，不是自然主義的機械的刻劃，不是浪漫主義架空的誇張，而是以新的寫實主義爲依據，強調客觀的內在交錯性、真實性；強調精神的能動性、自發性、創造性；啓示發展的辯證性，必然性。新的寫實主義是自然主義的客觀認識面與浪漫主義的個性，感情的積極面之綜合和提高。它是由最小到最大、由縱到橫，由最低到最高，由民族到世界，在創作方法上的前提。它攝取地繼承遺產，它又獨創地開擴創造。〔註61〕

〔註61〕雷石榆，〈台灣新文學創作方法問題〉，《橋》副刊，1948.5.31。

在這裡雷石榆再一次補充了「特殊性」轉換的不足，他也再一次將「一般性」
給問題化。他認為，在社會文化之中，必須把握其「各階層的典型」、強調「內
在的交錯性」，讓「一般性」與「特殊性」的固定認識可以被打破，使得最小
到最大、由縱到橫、最低到最高都可以不斷地被探索與被理解。正如駱駝英〔註
62〕在〈論「台灣文學」諸論爭〉中所述：「新現實主義的藝術正是要由社會的
個別事件與一般性的矛盾的統一及在此基礎上生長的人的個別性與一般性矛
盾的統一性中攝取題材，鑄造典型（即從典型情勢中鑄造典型性格），而構成
其思想內容，……凡最成功的文學作品必定是地方的，同時又是民族的，世
界的。（阿Ｑ正傳就是這樣）。」〔註63〕也因為這反覆的觸動、打破既定認識，
讓探問文學與生命關係間更為複雜的視角，可以持續出現。它既反向地反省
「系統」所構成的局限，更同時讓不同的生命能相互交錯、彼此關聯，共同
展露獨特的形式。這樣的文學，既是地方的、民族的，更也是世界的。它讓
反省世界封閉的能量可以如生命韻律般接近自己而發生，自己也因能打開自
我的情感朝向開放的世界，展露自身與世界的關係。〔註64〕而就在如此往來
與對話的過程中，多重多音的開放便可能進一步產生。

　　然而，在此處我要再一次延展上面的討論。或許，從前面的分析我們可
以發現，不管是錢歌川與杜從、或是楊逵、歌雷、雷石榆及駱駝英的討論裡，
他們都針對著「一般性」與「特殊性」的思考出發。但就錢歌川和杜從而言，
「一般性」及「特殊性」的關係不僅隱涵著國府文藝結構的對位，更同時在
這對位中讓「特殊性」演繹為「一般性」裡區分下的類別。易言之，在錢歌
川和杜從這裡，「一般性」與「特殊性」的辨證不僅可以轉化成一次對位性穩
定結構，更可以隨時抽換為依順文藝政策調度下的禁忌形式。而就主體位置
的觀察視角來看，楊逵、歌雷、雷石榆及駱駝英不同的地方在於，他們都試
圖進入對方彼此的歷史經驗，並且重新翻轉、斷開「一般性」與「特殊性」
之間的概念結構。文學就楊逵等人而言，同時既包含著共通性，更有著獨特
性，它是生命抵抗性力道表現出的形式。也因此，不採取「一般性」與「特

〔註62〕駱駝英，另名羅鐵英，原名羅樹藩，生於一九七一年，雲南洱原人，曾任建
　　　　國中學的國文老師。詳文參考〈「兵士」駱駝英的腳蹤〉，《噤啞的爭論》：台
　　　　北：人間出版社，1999.9，頁65。
〔註63〕駱駝英，〈論「台灣文學」諸論爭〉，《橋》副刊，1948.7.30～8.23。
〔註64〕雷石榆的觀點，相當靠近Jean-Luc Nacy的討論。可參考：Jean –Luc Nancy,
　　　　"Why Are There Several Arts and Not Just One? ", in *The Muses*, translated by
　　　　Peggy Kamuf, Stanford University Press, 1996. p23.

殊性」之間的既定詮釋，探索生命及文學關係於世界之間的複雜輪廓，這些都構成當時《橋》副刊作家們如何設想「台灣新文學」，以及思考怎樣觸動、摻和、對話於不同生命的重要部分。

　　在聖經中曾有一段有趣的隱喻，故事中那時人們的口音、言語都是一樣，而諾亞的兒子們在大洪水之後，為了宣揚自己的名、為了避免分散，從而想要蓋一座通天的高塔。此時，耶和華降臨，想要看看世人所建的高塔。但是耶和華突然發現，在那裡他們都變成了一樣的人民，說著一樣的語言，今後他們就可以無事不成了。於是，耶和華在那裡變亂他們的口音，使他們的語言彼此不通，諾亞的兒子們也就都被分散到全地上去了。也因為耶和華在那裡變亂天下人的語言，使眾人分散到天下去，所以那座塔也就叫巴別（Babel）（就是變亂的意思）。（《聖經‧創世記》）但上帝為何要懲罰他們呢？難道是因為他們想要建一座像天一樣的高塔嗎？還是他們想要與上天一樣登上至高無上的境界呢？那或許都不是，而是他們想要以自己的名，為自己建構一個統一的名，以便聚集在那。以一種語言、一座塔、一個地方，一個作為僅有一個，一個作為另一個。上帝懲罰他們，只是因為他們想要自己建立一個獨一無二、宇宙的譜系〔註65〕。在這裡，我們可以看到當時的杜從與錢歌川也試著創建這種名，試著創建這種無一無二的「系統」，更甚追探「台灣新文學」運動的非正當性來確定自己「名」的正確，以達到可以聚集一種人民的系統。更甚，就是讓整個文學的系統，經由這種「全國性」、「血統關係」、「風俗關係」、「世代關係」建立起來，在這種意義之下，台灣文學也只能歸屬於一種本質的社會文化。

　　雖然，巴別（Babel）在《創世紀》中意味著「變亂」的意思，它假設著以源初父親（Ba）上帝（Bel）之名的不再可能，可是它同時假設著在「交錯」的文化中溝通、探觸的必須，而在楊逵、歌雷與雷石榆藉由「特殊性」與「一般性」辯證的過程當中就展現的這樣的探觸，他們冒著相互抵觸的危險，也冒著相遇與互相歧異、衝突的矛盾，在高低、大小設定的界限裡企圖展現生命能跨越禁制的「獨創」力量。因此，那時「台灣新文學」的主張不再是去拓印那原就存在的現實，也不是去執行某些根源性的意志，而是回溯於身處在現實世界中一般存在的心靈裡，去觀察與聯繫那些不同的生命狀態，以及

〔註65〕Jacques Derrida , "Des Tour de Babel " , in *Difference in Translation* , ed. Joesph Grahm , Cornell University Press , 1985 .pp 165～205.

交錯於那裡的紋理與習慣。至於，那個巴別（Babel）的隱喻，或許根本的問題並非來自一個聖經中上帝的懲罰、或就紊亂的隱憂，而是我們必須從不屈服於壟斷性誘惑的切口處，開始學著聆聽、學著理解、學著對話。

就在二二八事件的後半年，台大和師範的學生立即著手在校內組織合法性社團，其中麥浪歌詠隊更走入民間，將反映現實社會的討論進一步實踐。而《橋》副刊上，持續相繼回應麥浪詠歌隊在兩岸文化交流與反映社會現實的種種影響，在鄭勉的〈人民藝術的發掘〉〔註 66〕、王華的〈麥浪舞蹈晚會觀後記〉〔註67〕、蔡史村的〈從《麥浪》引起的〉〔註68〕、白堅的〈獻給《麥浪》〉〔註69〕都分別指出這樣的藝術表現「在所肩負的溝通使命上，獲得相當的成功」，〔註70〕而在麥浪表演的背後它「流露著各種不同民族的天賦特性」，〔註71〕這些歌謠舞蹈「唱出來的是真正人民的聲音，舞出來的是人民真正的生活」。〔註72〕在這裡，《橋》誠然積極的扮演著各種文藝活動的介面，企圖讓台灣各階層的聲音可以在《橋》上溝通與發聲。但這樣的文藝理論與文藝活動的實踐，卻於 1949 年「四六事件」後在國府嚴厲整肅的過程中而告終。當時，《橋》上孫達人、楊逵、雷石榆等多位作家，更是於「四六」事件中被逮捕，而《橋》副刊與其它輿論性刊物如《力行報》，也在此時被整肅封版。1949 年五月十九日台灣正式宣布戒嚴令，《台灣新生報》也由姚朋（彭歌）接任主編後，於同年十月展開「戰鬥文藝」的宣導。至此，《橋》上種種對於開放、溝通，以及「一般性」與「特殊性」等等深刻的思考，也在國民政府「黨國體制」、「白色恐怖」與「戒嚴管制」的控制下逐漸煙滅。

肆、小結：思想的線段

> 我是一個跟隨你很久的流浪者，永遠在不停奔波，卻毫無目的，也沒有一個棲身之所；……怎麼？難道我必得奔波不息嗎？必得被風吹動、揚移而不得安定嗎？呵喲！地球，你於我實在是太圓了！……

〔註66〕 鄭勉，〈人民藝術的發掘〉，《橋》副刊，1949.1.7。
〔註67〕 王華，〈麥浪舞蹈晚會觀後記〉，《橋》副刊，1949.2.7。
〔註68〕 蔡史村，〈從《麥浪》引起的〉，《橋》副刊，1949.2.23。
〔註69〕 白堅，〈獻給《麥浪》〉，《橋》副刊，1949.2.18。
〔註70〕 鄭勉，〈人民藝術的發掘〉，《橋》副刊，1949.1.7。
〔註71〕 王華，〈麥浪舞蹈晚會觀後記〉，《橋》副刊，1949.2.7。
〔註72〕 蔡史村，〈從《麥浪》引起的〉，《橋》副刊，1949.2.23。

　　我對萬物只有付出而沒有收取，因此日漸消瘦——幾乎變成一個影
子。……『無誤不假，一切皆可。』我對我自己這樣說……現在我
已瞭解得太多，因此不在患得患失。我所深愛的一切都已經消逝，
——我怎能還對自己依戀不捨呢？……你知道我對棲身之所的找尋
已經變成了我一種思家之病——它在嚙蝕我。『何處是我家呢？』我
不斷的自問與尋找，卻一無所穫。噢，永遠四海漂泊；永遠無家可
歸；永遠徒勞無功。

——尼采：〈查拉圖斯特拉如是說〉卷四〈影子〉〔註73〕

　　線可以被理解成點在平面、或空間中的運動，而在解析幾何的方程式中，
線則又可以被理解成在一個平面、或空間中無數點，連接而成的直線、或曲
線。但是，經由兩點構成的線段卻立即的形成區別，它不斷地藉著分割、割
裂的幾何平面來自我呈現。同樣地，當國府不斷藉著文學系統、主義、國家、
領袖的線段進行著文化社會的裁切時，正也是對於是對於這種線段的痴狂。
實際上，它是以一種分割、對立的嚴厲手腕，來完成就社會、文化中主權之
於共同體的想像。

　　但是，就如同穆芙（Chantal Mouffe）指出的，任何共同體「永遠都是多
元而相互矛盾衝突的主體，是眾多不同社群的居民，由不同的論述構成，而
各主體不同位置的銜接點卻是暫時而不穩定的。」〔註74〕這樣的思考，就如
同雷石榆、歌雷、楊逵與駱駝英所共同思索的：如何讓台灣文化的思考，不
立即地從建立本質著手。尤其，二二八事件之後，身處在台灣的兩岸文化人
無不驚覺那建構文化總體意向的同時，便也就是區分異己與朝向同質暴力執
行的時候。或許，我們真的很難逃逸尋求著某種安逸、穩定且具體的誘惑，
就如同查拉圖斯特拉的影子，我們總在自身的紛雜處不斷瘖啞的探問：何處
是我家呢？但也就是因為自身的紛雜，所以「家」也僅能藉著如此不斷地探
問，我們才能逐漸清楚「家」總在探問之處發生，也僅有藉著探問、交會、
對話我們才會發現：任何「家」、「共同」的想像「絕不是不是賓詞意義上「自
己」的專屬空間，而是主詞意義上的開放空間，因為這些「我」總是「伊」，

〔註73〕尼采，《查拉圖斯特拉如是說》，志文出版社，頁330～P331。
〔註74〕Chantal Mouffe, "Radical Democracy: Modern or Postmodern? " in *Universal Abandon? : The political of Postmodernism*. Ed. Andrew Ross. Minneapolis: University of Minnestora P,1988. 31～45.

「要不然就根本什麼都不是」。〔註75〕正是如此，我們才更要反省經營「家」族的欲望如何穿透「共同」的設想，「共同」又怎樣從「家」自我異化為系統性的效益組合，並且就是在這雙重力道下，讓能夠檢討的空間一再喪失。或許，對於文化的思考，並不意味著僅能藉著區別、配置、圍堵的企圖來加以進行，而是重新深入其文化本身的難處，去探索各方紋理各異的狀態、觸及各方接點間的構合與擺盪，嘗試明白文化本身必然有著複雜性與交錯之間的特質，進而能夠藉著開放思想和感知的探問，讓此處——「我們」——一個，又另一個，或每一個生命的能量，可以自我體現為斷開徵收性動力的轉位路徑。

〔註75〕Jean-Luc Nancy, *The Inoperative Community* ; edited by Peter Connor ; translated by Peter Connor ……〔et al.〕 ; foreword by Christopher Fynsk. 2001, p15；參考蘇哲安譯，《解構共同體》，台北：桂冠出版社，2003.6，頁34。

第五章　結　論
——思索「我們」的故事

壹、思索主權——翻轉與開放的認識

在這研究中，我透過 1945～1949 年的史料，重新回顧了光復初期的文化場域，並企圖藉由國府公署對於中國化、奴化、國語運動、國民性、一般性與特殊性、文化政策等論述的執行，來重新思考文化內部如何在主權意志的介入下，形成了文化、社會立即的切割與緊張。另一方面，本研究也同時關注到，國府初期台灣的知識份子如何思索主權本質與封閉的性格，進而透過不斷追問「我們」的過程中，再一次展現當時文化場域裡各種抵抗性持續發生的能量之於思考自身「主權」的歷史輪廓。在這裡，我將回到這些思考，來討論「主權」做為一種不斷探問與思索的可能性。

從國府執政初期的觀察中，我們可以發現在國府主權意志的涉入下，「中國化」的論述不僅成為主權自身耀眼的徵召，它更透過「中國化」的論述與「國民性」、「國語運動」的配置，發展出了各式省訓練團、縣訓練所、教育訓練與人才徵選的結構機制。但是，也就是這結構機制的運轉，而突顯出主權意志對於台灣文化的技術性治理。在光復初期的文化場域分析裡，「中國化」除了佔據了國家文化形構的主體位置，它還藉著政治結構的推展反覆執行起就台灣殖民歷史的貶抑；尤其，「中國化」的標籤在國家體制的保證下，它不但成為一具有普遍性的稱謂與價值，更得以穿透各種對於台灣文化的差異認識進而取得同質化的政治效益。

在第三章中，我處理的問題，就是有關國府初期這種主權意志對文化自身的治理性箝制。透過「中國化」與「去奴化」的文化論述介入，我們清楚見到國府初期文化場域中的雙重樣態：首先、在主權意志的導引下，「中國化」論述無疑執行起國府權力對台灣殖民文化收編與排除的樣貌；再者、它更在文化政策、思想教育與身體管理的強硬介入下，導致了社會文化立即的對立，而國家權力為了能鞏固自身利益，就得調動起大量的政治力量以維持文化意義的穩定性。在此，國府對於「中國化」的論述運用，已不只是單純塗銷台灣曾經歷的歷史與文化，藉由「中國化」論述的執行，它加強於台灣本島文化的是固定、控制，甚至是一系列結構性的組織。此過程，它環繞著「中國化與奴化」、「國民性」、「國語運動」等幾組話語機制的轉化來完成。其中，它促使某種對文化井然有序的權力得以呈現，甚就是不斷將思考台灣文化的認識吸納進主權意志的詮釋中，進而讓重新探問台灣文化、歷史的契機一再失落。因此，「奴化與中國化」以及「一般與特殊性」兩種論述爭論，在那些知識份子中展現的文化與思想騷動，正是面對「中國化」主權自我執行下，所不斷反轉甚至是辯證的思考。然而，透過光復初期對「奴化與中國化」以及「一般與特殊性」的分析，我們似乎更可以深刻理解，文化本身意義的豐富性並不經由任何賦予的過程來完成。相對地，文化之所以可能，是透過各式的聯繫、討論以獲得意義的流動與富足。也就說，就文化以打開主權固定的認識，它不必然要成為朝向國家本質收攏的角度，而是可以藉著種種文化詮釋的思索、文藝活動的介入、更或是透過思想工作，不斷檢視歷史中國家主權對於文化的壓迫，進而得以重新探問「主權」，並不斷豐富與翻轉文化之「主權」狀態的種種可能。

此處，我們可以再一次回到這問題的起點：什麼是「主權」？其實，透過了光復初期文化場域論述的角度分析，我們可以發現，主權意味著思索主權種種的限制，以及持續介入的可能性。也僅有藉著思索主權，或進一步質疑、批判主權的執行與操作，我們才能真正地展現自身獨特的自主性——「主權」。就如同前面章節所呈現的，不管是從「奴化與中國化」的論述出發，或是經由「特殊性與一般性」論述的涉入，我們都可以察覺思索「主權」其實牽涉的是對於歷史、社會，甚是自身與他人之間關係的思索，它意味著藉著思索「主權」的姿態得以抗拒被拉扯，而不屈從的瞬間。僅能藉著國家主權所執行的「中國化」，也只不過是另一次無轉化的收束、無質變的量變，台灣

文化的樣態更在此主權意志的操作下，被刻意忽略其自身的複雜性與現實性，並被拋進了國家總體意志的計劃之中。雷石榆就曾經在〈再論新寫實主義〉一文中表示，主權和歷史、文化關係如無法被檢討，便只能透過化約的模式被執行，而若不警覺拉扯在「過去與現在」認識性的無意識，那像「切豆腐一樣」的推進力道就可以引入於「無關聯，無過程」的本質化，並讓總體意志得以催促著一切「只有從今日開步走『前進』」。〔註1〕其實，無法思索的「前進」便是扁平化、便是投入，那使生命被棄入一場毫無止息的主權逼索之中。因此，重新思索「主權」，是要打破主權思索的慣性，再次關聯起不同生命被壓抑的各種脈絡，而不再臣屬於主權所提供的實質與效益的惰性。

　　在第二章中，透過思索「主權」脫離自身的慣性樣態，我所討論的就是巴岱伊（Bataille）、阿岡本（Agamben）等人對於當今主權論述推進發展的觀察。巴岱伊曾強調主權本身一無所是，而思索「主權」則意味著：如何脫離主體的限制，而重獲客體性，並且進一步從客體出發，才能思考主體自由的可能。〔註2〕在《橋》副刊上雷石榆對於文化與主權之間的思索，正是體現著這種反覆脫離與探問的面貌，他曾經指出，

> ……從民族一定的現實環境，生活狀態，把握各階層的典型的性格，
> 不是自然主義的機械的刻劃，不是浪漫主義架空的誇張，而是以新
> 的寫實主義為依據，強調客觀的內在交錯性、真實性；強調精神的
> 能動性、自發性、創造性；啟示發展的辯證性，必然性。〔註3〕

其實，透過雷石榆與巴岱伊的論點展開，我們可以發現「主權」象徵的意義，不必然朝向政治社群中決定政治事務，以及將決定事務付諸實踐的終極權力。因為，主權的意義如果僅能從「實踐的終極權力出發」，它首先驅動的就是符合於權力實踐的判斷，並再一次的自我物化，使得主權本身的意義僅能服務於權力的執行，而不斷地自我切割與封閉。所以，思索「主權」便不再是另一次對於實踐與效益間的交替，而是對於實現政治效益上功利性考量的超越（Bataille，1998：198）、主體脫離自我完成的運作與從他者出發所不斷翻轉的認識，也唯有如此強調自身內在交錯的真實性與自

〔註1〕《橋》副刊，1948.6.30。
〔註2〕Georges Bataille, *The Accursed Shared Volume Ⅲ*, New York : Zone Books , 1993 , p428: "It has two aspects, then. The first is the world of free subjectivity; the second is that of objectivity freed from subjectivity insofar as the latter frees itself from objectivity."
〔註3〕《橋》副刊，1948.5.31。

發性，才能一再地從主權處間隔開及展露不同的豐富義涵。因此，我們可以說「主權」本身即是空無，但是空無並非一無所有，而是不斷翻轉與發生的可能。一但主權被強力的意志材料所涉入，那在觸及主權邊界探索的可能便不再發生，它所執行的也僅是仿效那些相信主權者以控制世界、以決定例外（Agamben，1998：11）。

　　回顧 1945～1949 年間，成為「中國人」的論述是多麼耀眼的徵召。但是，觸探文化真實的基底、探問生命最瑣碎的過程，雷石榆與《橋》副刊上各種對文化、社會與主權的探問給予我啟發是：有關於文化的、生命的又該成為順應國家執行所決定的存有樣貌嗎？如果，我們願意透視種種強調主權自身的虛構、或實體化，我們可以發現人不過是有限的存有，透過主權所中介的生存到死亡，不過是藉著斷定以執行國家主權對生命價值的企求。正如同巴岱伊所說的：Sovereignty is Nothing！假若我們不面對自身持續思索，那某些普遍固定性的力量便會以不同的方式中介生命，而使主權環繞著自己，將其它的部分吞噬為 nothing。此時，主權無法以批判性的介入與自我發生關係，而所發生的關係也只是在斷定的姿態下等著被完成，這樣的主權又怎能說是「主權」？但相對地是，如果我們反省這樣的主權意志，並且進一步鬆動主權自身的完滿性，反覆地從主權的碎裂之處介入與思索，我們會再一次發現主權仍是 nothing。只不過，這 nothing 是不斷活化，不專斷自我，且一再發生的可能性意義。或許，國府初期知識份子們的思索，正是這樣的姿態。王白淵對「妖魔之花」深刻的審視，雷石榆針對「特殊性與一般性」反覆的探問，其實就是面對自我的歷史而不斷思索「主權」、我們與他（台灣殖民歷史）所可被打開的關係，這讓歷史、主權留白的側面能在持續探問中出現，也就是要去中斷各種經治理效益折射出的徵收性想像。

　　但是，這樣的「發生」我們又該怎樣思考呢？尤其是，當我們面對國府初期真實的文化景緻時，該如何追問才能不流於概念的展演呢？

貳、探問我們──另一次思索「分・享」與共同（community）的可能

　　在第四章的討論中，我就再一次面對了《橋》副刊、《中華日報》等後期就台灣新文學運動的討論。其實，回顧光復初期《橋》副刊上的討論我們可

以發現，當我們能夠面對自己的現實不斷追問的同時，便就是再一次開擴自我空間的過程。這過程，就如同歌雷在〈歡迎〉一文中強調的，它是藉由分享與思索所開放的空間（spacing），他說，

> ……朋友　歡迎你來　歡迎你智慧　歡迎你熱性　歡迎你誠實
>
> 讓我們像老朋友　大家握一次手　你來自北方的　你告訴我們一些嚴寒的故事
>
> 你來自南方的　告訴我們一些海洋的秘密
>
> 我們像小兄弟　你愛說什麼　就說什麼
>
> 這裡——　自由　是最低的要求　友誼　是最高的享受
>
> 這裡　冬天不太冷的島上　卻有颱風　春天的夜裡　落著雨
>
> 你願意　就打開你的心　像一顆太陽〔註4〕

友誼，仰賴平等，而能表達各自不同的故事，也就是自由的體現。在這裡，《橋》上的作家藉著彼此的「分‧享」，不僅開放自身的姿態，更進一步透過握手、訴說，道出彼此的故事。然而，重要的是，這使彼此能各自表達的最低要求，不僅曝露出主權意志身體化後結構性的嚴苛及企圖凌駕一切的虛構性，它更轉而體現著抵抗各種收束話語的那道切口。或許，思索「主權」就如同儂曦（Nancy）曾經指出的：主權即是空無，實際上意味著沒有「企圖」、無法「成就」與不會「完成」，尤其是對人自身有限性的完成而言，思索主權所展示的並非是目的，而是人藉著自身有限性思索，從共同體中劃開了「分‧享」的可能性。（Nancy 蘇哲安譯，2003：34）因此，對於「主權」的探問，是以「分‧享」作為拒絕共同體那熱切內在性的阻抗，而由此探索不同「分‧享」關係無限可能的動態。但更重要的是，以「分‧享」貼近文化他者不同的路徑，為的是不讓文化與社會的意義屈從於總體化的進程與模式，進而在「分‧享」中，使共同體成為自身的抵制與顯露。

　　這裡，就讓我們再一次透過當時探問「主權」姿態，重新思索「分‧享」之於共同體的問題。當時，雷石榆針對此提問，曾在〈台灣新文學創作方法問題〉中進一步認為，就各種文化、社會主權的思索，它都必須檢討主觀性的封閉位置，並由此讓主觀認識能持續被調整，而進入不同的探索脈絡。唯有如此，認識才有可能從「最小到最大、由縱到橫，由最高到最低，由世界到民族」，讓「大」、「小」、「高」、「低」能抵抗總體化的誘惑，彼此表達，展現自身的奇特性（singularity），而使社會、文化在互動下「它攝取地繼承遺產，

它又獨創地開擴創造」。〔註5〕所以，思索「主權」不僅是思索我們能「彼此」
——「共同」出現的樣貌，更是思索我們「差異」於「共同」的樣貌。透過
思索文化、社會中，各「差異」與「共同」打開的間距，「大」與「小」才能
被討論而不斷的問題化，並更動既定的理解。能曝露於「大」、「小」、「高」、
「低」的觸探，也就是不傾斜於特定一方又肯定彼此的差距，這就是要維繫
獨立批判的判斷，而不預設立場框架。如此，思索才不會固定，也才能夠從
「他」的可能性中不斷出發，讓獨特性一再發生、或再次創造。其實，使認
識開放而進入不同主體的歷史位置，那理解國府初期台灣一再被邊緣化的歷
史認識，方能不斷的發生與複雜化，而這也才有可能讓思想的痕跡、意義與
方向，不再總結於任何國家主權的立場。

　　此處，我們看到歌雷、雷石榆的論點，突顯了1948年《橋》副刊上許多
作家就文化中「我們」、「共同」宣稱的質問與思索，十分靠近儂曦對於共同
體的討論。面對這動態認識，儂曦就在《解構共同體》一書中就曾有過深刻
的思考。他認為透過主權形塑的共同體從來不是一失落的主題，而歷史中對
其展開的不同形式折返和一系列的結果，除了突顯就共處的眷戀能內在化為
神聖、原初的誘惑之外，它更隱含著企圖脫離內在性的潛能，以及它肉身化
的無意識衝動，能再次以排他、吸納與認同的凝結，完成主權下共同體古老
的複本。因此，思索「主權」，也就是重新思索這種凝結所立即帶來的危險。
而轉以奇點（singularity）的探問軸線，也就是要讓各存有點的差異性能被體
現，好挑戰主權本身鑲嵌在歷史中的構成，並促使各奇點能持續探問與表達
（articulate）的過程中，使意義能「分‧享」。或就是，將這「分‧享」儘可
能的展現，暴露自身的非我狀態及複雜性。「奇點」共處於「分‧享」
（being-shared），那是探問與表達不依賴於任何力道、框架及黨派，純粹展現、
表達、溝通著，它持續透過不同生命自身的空間化，使主權和轉化成各種形
式的同一性引擎失效（expropriation, lack of identity）。間隔開內外力道的拉扯，
面對它者的存在，以此作為單純轉開的場所路徑（passage），這也就是要堅持
抵制收束性能量，不斷調整從語言、「主權」、共同體累積下的虧欠。而 1947
年，在那一個特殊的年代，《橋》上作家與國府初期知識份子就「特殊性」與
「一般性」展開的討論，正是面對國府一再扣除台灣差異歷史所做出的深刻
抵抗。就如同雷石榆所強調的：「最小到最大、由縱到橫，由最高到最低，由

世界到民族」，他所思考的是「我們」中的每一個如何能抵制「大」、「小」自我既定想像的法則，斷開主權設定「大」、「小」界限從屬的輪廓，從而由此檢討內外大小的命名，重新於抵抗的斷裂處打開「我們」——彼此爲他（others），拒絕主權、共同體引誘，而相互各自顯露的獨特空間。

　　其實，此處我們可以說《橋》上的思索透露了某種可能，而這種可能就如同儂曦所說的：它是透過書寫來思索「主權」，爲的是去追問如何能讓不同的他性能夠浮現。這是讓相互呈現的空間化，能在書寫中得以穿越、陳列、暴露文化內部所隱含的他性，也同時體現著認識上的轉位。就如同當時《橋》上作者鄭牧之所建議，藉由雜文的書寫來批判社會黑暗的現實面，他說，

> 我想「雜文」也許有人聽了先要打個寒噤說：「教誦來了」，其實這完全錯的，「雜文」是文學的一把七首，鋒利而有力，是要把一切僞君子，假裝文學家，貪官污吏……等割下他們的耳朵，使他們永遠不敢在社會上逞兇。然而一旦這把七首人們來了各預防，也許因此失利也許因此被打落在陰冷的地方，也許雜文沒有人寫，也沒有地方刊載。我之所以提這個問題，也許是給「什麼是現實」一個回答。
> 〔註6〕

這裡——從「什麼是現實」這裡，所謂的「雜文」就是不以某種特殊的意志完成的文類，它企圖藉著「雜」而讓各種社會、文化的聲音得以被說出、被討論。因此，《橋》上對國府初期文化的思索，就成爲「雜文」本身最爲積極的意涵。當時，在《橋》的討論中不僅邀請各種聲音的「分·享」，更期待著讓各種聲音能夠藉著彼此的探問，不斷展開就歷史深刻問題的討論。尤其是，在這裡「雜文」更隱含著社會、文化中各種「他性」的樣貌，這樣的「他性」在國府初期的《橋》副刊中更以各種辯論、探問、書寫的方式，不斷思索「特殊性與一般性」之間的開放的姿態，進而一再拒絕固定本質的文化想像，使得抵抗主權同一化的思索能夠展開。或許，我們可以說《橋》上所展現「雜文」間的探問，不僅是台灣社會對文化思索的各種「他性」、也不僅是雷石榆所說的「從最小到最大」，更是儂曦所思索的：每一個無法化約的奇點（singular being）透過書寫而出現，讓各種文化「特殊性與一般性」的差異認識能呈現、被討論，而由此敲斷均質化的連續性假象。但更爲重要的是，這發生也僅有

〔註 6〕鄭牧之，〈橋的路——建議採用雜文　針對黑暗現實〉，《橋》副刊，1948.4.7。

不斷思索與探問「我們」才能夠持續翻轉主權的意志，從而在思索差異的過程中，抵禦主權自身內在性專斷的逼索與拉扯。

但是，面對台灣當下的歷史，該如何思考主權就「我們」、或「我們」積極朝向主權急迫和逼促的宣稱？而思索《橋》上透過書寫對主權的抵抗又可以給予我們什麼啓發呢？

參、《橋》的隱喻──思索主權與 polis 的可能

從上述的討論，如何面對「主權」需要的「中國化」，如何面對本質「主權」操作下「中國化」所立即呈現的迫害與對立，以及如何再一次面對不同主體位置，而重新探問思想、生命獨特且自主的可能性，是本書所欲探問的起點。整體來說，本研究從七○年代台灣眾多的問題感展開，以及透過思想方法的討論介入，1945～1949 年歷史場域的縮影正折射出一系列近代知識的困頓及收束力量的反覆變形。實際上，將 1945～1949 年視爲一思想徵狀考察的起點，戰後台灣所遭遇的世界並沒有因大戰的結束而有所改變；相對地，各種經濟與政治的力道卻伴隨著主權佈署的形式，爲往後許多徵斂模式埋下了開端。將主權理解爲執行效益邏輯的追問，透過這個研究我無意介入或左、或右的設想，此處，藉著 1945～1949 年的研究延展，我試圖處理的問題在於：怎樣從特定的歷史負面進入，徵狀地呈現時代性的問題，討論主權意志實體化脈絡的牽連與佈置，以及伴隨於此處境持續浮現的抵抗性力道。追溯此抵抗性力道的展開，我研究提出的結論是：思索「主權」，也就是要重新探問不同主體能相互體現的可能，從而轉開主權徵收的強制性，打開不同的想像。毫無疑問，每一個時代的難點與主權意志的荒誕，不僅構成不同歷史主體的裡面、也組織成了彼此的外面，而從裡外的平滑面之處，去反省主體構成的誤識、增補斷開的節點、使其收斂，則是問題化主權、我們、共同之間固定視野，嘗試在文化、社會、歷史，甚是與他者間，打開種種「我們」可能發生樣貌的起點。

事實上，鄂蘭（Arendt）就曾經將這個「我們」的思索，轉化到城邦（polis）空間的圖像中來加以討論。她在《人的條件》（The Human Condition）中就曾經指出，polis 不是指著具體的城邦，更不是透過法律而建立的羅馬城，它是一種流動的空間，是人們相互活動、發言所組成的空間，不管在任何地方它都可以發生（no matter where they happen to be）。它是在顯露空間中最爲廣闊

的語彙，並讓「我向他人（other）出現，如同他人向我出現一般」（place where I appear to others as others appear to me）（Arendt，1998：198）。但是，這是怎樣的發言與活動呢？

克莉絲蒂娃（Kristeva）就更進一步銜接的鄂蘭的討論認爲，polis 就是一種敘事（narrative）的介入（inter-est）過程，它藉著各種敘事與說者的活動介入，進而得以展開 polis 呈現的空間。她認爲，polis 空間的出現不但允諾了活動與發言的可能，甚至請求每個人表露自身勇氣，離開自我的掩蔽與他人（others）相互顯露、相處，甚是可以冒險揭示。然而，揭示（revelation）正是政治首要的條件，它展現了我是誰（Who I am），而並非僅是我是（What I am）。（Kristeva，2000：53）因此，從此處我們可發現，所謂的 polis 並非是一個實質的空間，它是一個言說、書寫、對話與顯露可能的空間，並且一再藉著言說、敘述、對話的過程，不斷調整我們對於自身的認識，讓自己的面貌不只以「我是」來回應，而是以探問「我是誰」的動態來介入。這也就意味著，思索我們實際上就是介入我們可能的樣貌，並且進一步藉著思索我們相互揭露與他之間的種種可能性。

從這論點出發，我們可以發現光復初期《橋》所展現的正是這樣的樣貌，當時歌雷曾在《橋》第一期（1947.81）〈刊首序語〉上指出：

> ……這裡──自由是最低的要求，友誼是最高的享受……橋象徵新舊交替，橋象徵陌生到友誼，橋象徵一個新天地，橋象徵一個展開的新紀元。

在這裡，歌雷呈現了《橋》自身極爲豐富與複雜的隱喻。或許，「橋」在建築學中首先意味著一個場所、一個做爲相互交流的場域，而這樣的場域同時也被視爲空間中的某種「位置」（set）來加以看待。但值得繼續思考的是，這「位置」不是在橋之前呈現的，而是「通過」（passage）所呈現的「空間」（spacing）。也因此，「橋」並非是首先佔有著某種「空間」，而是藉由「通過」這「位置」，橋的「空間」（spacing）意義才能夠產生。值得注意的是，「自由是最低的要求，友誼是最高的享受」構成了「通過」最爲根本的意涵，這即意味著：「空間」之於「橋」是純粹的「通過」，它有賴於自由與平等的實踐來獲得，而不是預設「橋」跨接的本質來掌握。也是在此處，把「橋」視爲一種「通過」而產生的「空間」，它才能夠孕育出歷史的、文化的、社會的能量，甚至是，從不同「新舊」、差異的位置中觸碰、隔開新的「空間」。挪動不同的認識角

度，轉換探索的位置，呈現在此、或在此之外的「陌生」線索，這些便就是思考主權自身侷限性的問題。唯有持續約束主權的力道、朝向不同主體位置開放，「我向他人出現，如同他人向我出現一般」的獨特場域，也才有可能發生。

或許，我們可以說，《橋》藉由思索「主權」所展開的姿態，相當靠近 polis 可能的樣貌。儂曦就曾經以爲思索「主權」即意味著，從主權處打斷，暴露溢額。（Nancy，2001：40）而「主權」的邏格斯（logos），本來就可以意指爲經由「分・享」（being shared），才有可能逐漸形成。（Nancy 蘇哲安譯，2003：xxxii）而這「分・享」，卻是不同界限的分享，既是隔開同一性壟斷的位置，也是持續發生的所在。這裡不是普遍的場所，更不是流通的交換，它是「獨特的存在」從有限發生，而這意味著，斷開各種無限、或實體化的誘惑，呈現彼此的界限。（Nancy，2001：73～78）在這意義下，polis 必須被重新理解爲由思索「主權」所帶出之各種活動的呈現，又不相互混淆的關係。（Lacoue-Labarthe，1997：117）那是在思索「主權」，從與他（others）的轉折中，開放爲思索彼此呈現的可能。這可能，也就是再一次從陌生處「與伊逗陣」，而思索「主權」，也就意味著探索 polis 與壟斷性動力隔開的開放空間。因此，問題化主權、探索我們，其實也就是追問著我們與文化、社會、歷史，甚是與他之間，不同生命都擁有著創造性的契機、種種不被取消的差異展現，以及 polis 可能發生的樣貌。

然而，就如同巴岱伊所說「主權一無所是」，《橋》展現的不僅是 polis 的觸探，它更藉著「特殊性與一般性」的辯證，試圖鬆動國府主權「中國化」意志的僵硬，並轉化人們對台灣差異歷史的認識。當時，歐陽明、林曙光、楊逵對台灣新文學的推動與台灣文學的回顧，正是表現著抵抗主權意志的容貌，重新認識台灣歷史，思索文化可以再次發生的可能性。如此思索「主權」，能轉化主權自身的僵固，進入 polis 的動態，並以此打開認識及持續探索的空間。海德格就曾指出，

> polis 常常轉譯爲城市國家。但這並沒也完全捕捉到 polis 眞正的意涵，polis 其實指的是此處、這裡歷史與之發生的所在。polis 是歷史的所在，在此之處、以外和關於歷史的發生。（轉引自 Lacoue-Labarthe，1997：71）

藉著海德格論點的轉換，我們不難發現 polis 除了意味著「主權」在此發生的開放之外，更意味著在此對反省主權如何鑲嵌於歷史的開放。回顧 1945～1949 台灣文化場域的思辯，其實林曙光、歌雷、楊逵與雷石榆的思索，正是透露著這樣的追問。國府初期《橋》上的探討及展現的抵抗性能量，它打開許多既無法歸屬在那時主權意志所宣稱的東西，也同時更隱含著一切難被整併，或總是溢出，在眼前各方主權效益邏輯下試圖佈署的東西。而持續從各種收束性的話語結構打開，才有可能對主權宣稱「我們」的力道進行分析、進行抵抗，也才可能從這主權自我宣稱的破碎處，再一次面對歷史的陌生，並讓各種不同的認識呈現、交會、觸碰，使得歷史認識不因主權自身的侷限產生固化，而帶出認識、歷史與不同主體位置的可行性空間。

但是，追問著國府初期、追問著《橋》，追問著接收初期文化場域論述中對質疑主權暴力的深刻探問，面對台灣自身所處的當下，面對著當下政治為了自身利益而就文化、不同生存空間的擺弄，我們又該如何思考，而再一次追問：「我們」究竟是誰？

在這次書寫的過程中，我反覆展開自己所面對的歷史。在許多的資料中，我遇見了鮮血、憤恨，但在許多的資料中我也看到了思考與悵然。這段歷史書寫的經驗，將我引導進一個很與眾不同的領域，它讓我自己遇見自己，也讓我能以自己之外的他握手、擦身。我不諱言這裡的寫作，企圖在泛黃的歷史中閱讀到各種對於歷史、文化與社會更為開放的樣態，我也不諱言在 1949 之後，象徵著接收初期思索「主權」的《橋》副刊，在國家主權意志的作用下它嘎然禁聲。毫無疑問，《橋》副刊的特殊性，也就於它無法複製。但《橋》上作家曾思考的問題——那以主權形式地收攏力量，是否就停止了呢？國家主權對歷史的認識當然可以湮滅，或是挪移，但是它湮滅的僅是過去歷史事件的發生，卻不必然表示它轉變了思考主體位置的種種問題。

尤其，當下，隨著另一波全球資本整合、競爭的推進能量，它都無不迫使區域間夾帶著「關鍵決斷」（Key Resolve）的武力操演，或從跨越「一帶一路」輸出過剩產能與區域佈署的藍圖中，更焦躁體現著主權話語及各種變形媾和下的躍躍欲試。而就當這主權意識無法鬆動，以及進一步被問題化的同時，執行對不同文化差異的徵收力道，便會在主權自身靈巧且迫切的操演下反覆顯影。而在台灣，同樣，就「愛台灣」繁衍出的各種排斥力量，也不曾在不同時期的移民、移住勞工、外籍配偶、新住民、原住民等問題上，退去

它嬌媚的色彩。另外，在追溯南來新住民、勞動人口背後複雜歷史的同時，如何更爲謹愼的約束朝向勞動、資源、市場擴張的動力，這顯然也都沒能進入台灣此時的思考視野。在全球間，就文化、歷史、不同的生存處境，還需執行怎樣的逼促？而在台灣，那「愛台灣」究竟還需要多少力量？經濟上的沉瀣一氣，政治集團化的分配，都恰恰說明了：主權效益邏輯能導向的後果，而這就是「我們」？「我們」又眞的無法思索一個更爲積極的可能嗎？

　　歷史與文化錯雜的內里，除指出了沒有可供依循的版本之外，更表達著歷史及文化能提供反省、檢討的豐富資產，而不該、也難以被獨斷的意志所壟斷。我們可從當下既有的條件進行調整，也可以對既定的想像超越，重新組合、進行「遊戲」，呈現能凝視歷史、文化不同負面的獨特能力。現今，在台灣如何從「我們」──不同主體的位置中，不斷打開被遮掩的聲音，仍是應持續努力的課題。而回顧這島上的歷史，各時期不同主權的話語，總以號召的姿態催促著我們「前進」，號召著我們完全暴露於訂製的歸屬之中，也或許，你我正身陷其中，進而遺忘這樣的歸屬與前進，卻是以自身的血痕所滋養的那朵──「妖魔之花」。最後，回到 1945～1949 的研究，我認爲此研究可以提出的有限貢獻是：能夠質疑主權在效益邏輯下的各種變形，才有可能爲不同的生命打開各自的脈絡。我們──之所以成爲收束的表代、各種對立模式鞏固自我的修辭，正是因爲不同主體位置及從中能持續「分‧享」和間隔開的空間，被效益化的勾結所穿透、鎮壓。

　　在過去，台灣從沒有外在於各種歷史形塑、推進的力道，也同時曾於不同時期記錄下許多具有意義的痕跡，展露特別的脈絡。如今，應該持續提問的是──過往的遺產，該怎樣從當下進行回溯、檢討？尤其，該如何拒絕歷史話語拉扯的誘惑，或警覺歷史錯置的反諷？而其中，更爲重要的是，該如何從面對時代的張力中取得思想轉位的視差，並由此追問：「我們」是誰？

> 俄國有一種傳說，說「俄國有一個地方的山野，至秋深青葉落盡的時候，不知從何處漂來一種難說的花香，但是這『這妖魔之花』的本體，是不容易看到的。但是不幸一見到，那人就要發狂了！」這是俄國帝制時代的傳說，我覺得很有帶著人生的深意。文豪杜斯杜要扶斯基亦有一篇小說小說叫做《著魔的人們》描寫沙皇專制統治下的俄國青年，好像發狂一樣向著革命前進。我想這班青年都是不

幸看著這「妖魔之花」的人。有人說「歷史的悲劇，比任何個人的悲劇，更加深刻」——我們台灣雖是四面環海的小島，但是由其歷史看來，這三百年短短的時間，不是帶著滿身血痕的情形嗎？〔註7〕

〔註 7〕王白淵，〈我的回憶錄〉，《政經報》，民國三十四年十一月十日，頁 17。

參考書目

中文部分

報紙

1.《民報》：1945.10～1947.2，台灣民報社（中研院文哲所、台灣大學）。

2.《台灣新生報》：1945.10～1949.3，長官公署宣傳委員會（政治大學微縮軟片；影印紙本資料）。

3.《中華日報》：1946.5～1947.4，台南國民黨中央宣傳部（政治大學微縮軟片）。

4.《和平日報》：1946.5～1949.6，台中國防部宣傳部（台南市立圖書館）。

5.《人民導報》：1946.1～1947.3，人民導報社（台灣分館、政治大學、中研院文哲所）。

雜誌

1.《文化交流》第一輯（1947.1.15）（1994），覆刻出版社：傳文文化事業有限公司。

2.《文藝先鋒》第一卷第一期（1942.9.1），文藝先鋒出版社。

3.《台灣文化》（共6卷27期1946.9.15～1950.12.1）（1994），覆刻出版社：傳文文化事業有限公司。

4.《台灣年鑑》（1～6冊）（2001.3），台北：海峽出版社。

5.《台灣社會研究季刊》（2003.10.4～5），十五週年學術研討會論文。

6.《台灣評論》（共4期1946.7.1～1946.10.1）（2000），覆刻出版社：傳文文化事業有限公司。

7.《民國三十六年度台灣年鑑》（1947.6），台北：台灣新生報社。

8.《前鋒》（光復紀念號 1945.10.25）（1994），覆刻出版社：傳文文化事業有限公司。

9.《政經報》（半月刊 1945.10～1946.7）（2000），覆刻出版社：傳文文化事業有限公司。

10.《現代週刊》（1945.12.10～1946.11.25），省立台灣圖書館發行。

11.《新台灣》（1946.2.15～1946.5.1）（1994），覆刻出版社：傳文文化事業有限公司。

12.《新知識》（月刊第一期 1946.8.15）（1994），覆刻出版社：傳文文化事業有限公司。

13.《新新》（共 8 期 1945.11.20～1947.1.5）（1994），覆刻出版社：傳文文化事業有限公司。

官方公報

1.《一年來之教育》，1946 年 11 月，台灣行政長官公署宣傳處發行。

2.《三十五年度台灣省行政長官公署工作計劃》 台灣省行政長官公署編，1946 年 3 月，台北：台灣省行政長官公署。

3.《台灣一年來之宣傳》（新台灣建設叢書之二十）台灣省行政長官公署宣傳委員會編，1946 年 12 月，台北：台灣省行政長官公署宣傳委員會。

4.《台灣省地方行政幹部訓練團團刊》第一卷第一期，1946 年 3 月 1 日，台北：台灣省地方行政幹部訓練團。

5.《台灣省行政工作概覽》，1946 年 5 月，台北：台灣省行政長官公署宣傳委員會。

6.《台灣省行政長官公署公報》，1945 年 12 月 1 日～1947 年 5 月 15 日（1945 年第一卷第一期～第二卷第十期、1946 年春字第一～二十期、1946 年夏字第一～五十二期、1946 年秋字第一～七十八期、1946 年冬字第一～七十六期、1947 年春字第一～五十九期、1947 年夏字第一～三十九期），台北：台灣省行政長官公署秘書處編輯室。

7.《台灣省行政長官公署施政報告》，民 35 年 12 月，台灣省行政長官公署編。

8.《台灣省參議會第一屆第一次大會‧台灣省行政長官公署施政報告》，1946 年 6 月，台北：台灣省行政長官公署秘書處編輯室、民政處秘書室。

9.《台灣省教育概況》，民 35 年 5 月，台灣省行政長官公署教育處。

10.《台灣概況》（新台灣建設叢書），1946 年 11 月，台北：台灣省行政長官公署宣傳委員會。

11.《光復台灣之籌劃與受降接收》中國現代史史料叢編 第四集，1990.6.30，台北市：中國國民黨中央委員會黨史委員會。

12. 《陳長官治台言論集》第一輯,民 35 年 5 月,台北:台灣省行政長官公署宣傳委員會。

13. 《廣播詞輯要》,1946 年 2 月,台北:台灣省行政長官公署秘書處編輯室。

引用及參考文獻

1. 《人民導報》社論(民 35.2.17),〈審查公職候選人資格〉。

2. ──(1946.1.20),〈台胞恢復國籍〉。

3. ──(1946.2.23),〈本省公民登記〉。

4. 《中華日報》社論(1947.5.4),〈中國新文藝道路〉。

5. ──(1947.5.5),〈本省新文化運動的批判〉。

6. 《民報》社論(民 35.9.12),〈中國文化的普及辦法〉。

7. ──(1946.12.4),〈勿使人民發生迷惑〉。

8. 《新生報》(民 34.12.15),社論〈政風與民風〉。

9. ──(民 34.12.17),社論〈肅清思想毒素〉。

10. ──(民 34.12.18),社論〈推行國語問題〉。

11. ──(民 35.1.4),〈厲行國語普及〉。

12. ──(民 35.10.19),社論〈公民訓練之意義〉。

13. ──(1946.12.4),社論〈加緊學習國語國文〉。

14. ──(1947.4.29),社論〈憲政協進會昨召開新文化運委會〉。

15. ──(1947.4.30),社論〈對於新文化運動的意見〉。

16. ──(1947.4.30),〈台灣省新文化運委會告全國同胞書〉。

17. ──(1947.5.2),〈省新文化運委會昨天開民眾大會〉。

18. ──(1947.5.4),〈迎文藝節〉。

19. ──(1947.5.28),〈如何消除隔膜發揚民族精神──台灣新文化運動之我見〉。

20. 子瓏(1948.4.7),〈橋的路──橋每月應該出一次作品「批評專號」 建立台灣新文學不是建立台灣鄉土藝術〉,《橋》副刊。

21. 之萌(1948.5.4),〈文藝節談文藝〉,《中華日報》。

22. 王白淵(民 34.11.10),〈我的回憶錄〉,《政經報》。

23. 王思翔(1945.5.20),〈論中國化〉,《和平日報》。

24. 王添灯(1946.12.29),〈省參議會的感想〉,《民報》。

25. 王華(1949.2.7),〈麥浪舞蹈晚會觀後記〉,《橋》副刊。

26. 尼采(2000),《查拉圖斯特拉如是說》,台北:志文出版社。

27. 白堅（1949.2.18），〈獻給《麥浪》〉，《橋》副刊。

28. 朱實（1948.4.23），〈本省作者的努力與希望〉，《橋》副刊。

29. 朱宜琪（2003.6），《戰後初期台灣知識青年文藝活動研究──以省立師院及台大爲範圍》，成功大學台灣文學所碩士論文。

30. 江流（鍾理和）（民三十五），〈在全民教育聲中的新台灣教育問題〉，《新台灣》第四期，新台灣雜誌社（台灣舊雜誌覆刻系列）。

31. 江默流（1947.4.20），〈擴大新文藝的領域〉，《中華日報》。

32. ──（1947.5.4），〈十年的回顧──中國新文藝的道路〉，《中華日報》。

33. ──（1948.5.4），〈冷落的節日〉，《中華日報》。

34. 何敏先（民 35），〈二百餘萬公民的再教育〉，《自治通訊》，第三期、四期合刊；收於《戰後台灣民主運動史料彙編（五）》，台北縣新店市：國史館。

35. 呂正惠（2002.6），《台灣新文學思潮史綱》，台北：人間出版社。

36. 李筱峰（1987），《黨外運動四十年》，台北：自立晚報。

37. 李翼中（1946.7.28），〈對當前台灣的文化運動的意見〉，《台灣新生報》。

38. ──（1946.8.18），〈在革命建設中必先除去心理上的三害〉，《台灣新生報》。

39. ──（1992.5），〈帽簷述事──台事親歷記〉，《二二八事件資料選輯（二）》，台北：中央研究院近代史研究所。

40. 杜從（1948.6.23），〈所謂「建設台灣新文學」台北街頭的甲乙對話〉，中華日報《海風》副刊。

41. ──（1948.6.29），〈以鑼鼓聲來湊熱鬧〉，中華日報《海風》副刊。

42. 吳純嘉（1999.7），《人民導報研究（1946-1947）──兼論其反映出的戰後初期台灣政治、經濟與社會文化變遷》，中央大學歷史研究所碩士論文。

43. 南方朔 等（1999），楊澤主編，《狂飆80：記錄一個集體發聲的年代》，台北：時報文化出版社。

44. 沈雲龍（1945.12.10），〈台灣光復後的青年再教育問題〉，《現代週刊》創刊號。

45. 汪暉（2003），〈帝國、國家與中國認同──兼談中國研究的方法問題〉，《國際華人學者講座系列》，交通大學社會與文化研究所。

46. 明明（1947.5.4），〈一點感想──紀念第三屆文藝節〉，《中華日報》。

47. 林瑞明（1993），《台灣文學與時代精神》，台北：允晨出版社。

48. 林曙光（1948.4.7），〈台灣文學運動是直接或間接受到我國五四運動影響而產生而發展〉，《橋》副刊。

49. 邱傳（1948.5.4），〈木刻作者的情緒，思想與態度〉，《中華日報》。

50. 金觀濤、劉青峰（1994），《開放中的變遷：再論中國社會的超穩定結構》，台北：風雲時代。

51. 姜琦（1946.1.4），〈厲行國語普及〉，《新生報》。

52. 施淑（2000.4），〈台灣社會主義文藝理論的再出發──新生報《橋》副刊的文藝論爭（1947～1948）〉，《世界華文文學論壇》第四期，南京：江蘇省社會科學院。

53. 施懿琳（2000），《從沈光文到賴和》，高雄：春輝出版社。

54. 胡紹鐘（1948.5.24），〈建設新台灣文學之路〉，《橋》副刊。

55. 范壽康（1946.3.31），〈今後台灣的教育方向〉，《現代週刊》1 卷 12 期。

56. 若林正丈、松永正義合著（1988），《中日會診台灣──轉型期的政治》，台北：故鄉出版社。

57. ──（2004），《台灣：分裂國家與民主化》，台北：新自然主義。

58. 倪偉（2003），《「民族」想像與國家統治》，上海：教育出版社。

59. 徐秀慧（民 93.7），《戰後初期台灣的文化場域與文學思潮的考察（1945～1949）》，清華大學中國文學研究所博士論文。

60. 笑蜀（1999），《歷史的先聲》，廣東省：汕頭大學出版。

61. 張道藩（1942），〈我們所需要的文藝政策〉，《文藝先鋒》第一卷第一期。

62. ──（1947），〈文藝作家對於當前大時代應有的認識和努力〉，《文藝先鋒》第十一卷二期。

63. ──（1948），〈文學再革命綱領（草案）〉，《文藝先鋒》第十二卷一期。

64. ──（1999〔民 88〕），《張道藩先生文集》，台北：九歌出版公司。

65. 莊惠惇（1998），《文化霸權、抗爭論述──戰後初期台灣的雜誌分析》，中央大學歷史研究所碩士論文。

66. 許雪姬（1991），〈台灣光復初期的語文問題〉，《思與言》29：490。

67. 許詩萱（1999.7.13），《戰後初期台灣文學的重建──以《台灣新生報》「橋」副刊爲主要探討對象》，中興大學中國文學系碩士論文。

68. 許壽裳（1947.5.3），〈紀念五四〉，《中華日報》。

69. ──（1947.5.4），〈台灣需要一個新的五四運動〉，《新生報》。

70. ──（1946.10.19）〈魯迅和青年〉，《和平日報》。

71. 郭沫若（2002.10），《郭沫若全集：文學篇》第十八卷，北京：科學出版社。

72. 陳映真（石家駒）（1999.9），〈一場被遮斷的文學論爭〉，《噤啞的爭論》，台北：人間出版社。

73. ──（2002.2.28），〈認識光復初期台灣〉，《聯合報副刊》。

74. 陳芳明（2001.3），〈戰後初期文學的重建與頓挫〉，《聯合文學》197期。

75. 陳翠蓮（1995.2），《派系鬥爭與權謀政治──二二八悲劇的另一面》，台北：時報文化出版社。

76. ──（1998.6），〈「大中國」與「小台灣」的經濟矛盾──以資源委員會與台灣行政長官公署的資源爭奪爲例〉，收入張炎憲、陳美容、楊雅惠編：《二二八事件研究論文集》，台北：吳三連台灣史料基金會。

77. ──（2001.11），〈戰後初期台灣政治結社與政治生態〉，收入《曹永和先生八十壽慶論文集》，台北：樂學書局。

78. ──（2002.12），〈去殖民與再殖民的對抗──以一九四六年「台人奴化」論戰爲焦點〉，《台灣史研究》第九卷第二期。

79. 陳儀（1946.2.10），〈台灣施政總報告〉，《人民導報》。

80. ──（1946.3.1），〈三民主義的精義〉，《台灣省地方行政幹部訓練團團刊》第一卷第一期。

81. ──（1946.11.25），〈陳儀答記者問〉，《上海大公報》。

82. ──（民35年5月），〈民國三十五年工作要領〉，《陳長官治台言論集》，台灣省行政長官公署宣傳委員會。

83. ──（民35年5月），〈對台灣的施政方針〉，《陳長官治台言論集》，台灣省行政長官公署宣傳委員會。

84. 喻本伐、熊賢君（1995），《中國教育史》，台北：師大書苑。

85. 彭明敏（1948.5.10），〈建設台灣新文學，再認識台灣社會〉，《橋》副刊。

86. 彭瑞金（1995.1），〈肅殺政治氣候中燃亮的台灣文學香火〉，《台灣文學探索》，台北：前衛出版社。

87. ──（1997），《台灣新文學運動40年》，高雄：春輝出版社。

88. ──（1997.5），〈《橋》副刊始末〉，《台灣史料研究》第9期。

89. 揚風（1948.3.26），〈新時代、新課題──台灣新文藝運動應走的路向〉，《橋》副刊。

90. 曾士榮（1994），《戰後台灣之文化重編與族群關係》，台灣大學歷史研究所碩士論文。

91. 曾健民（2001.1），〈打破刻板印象，重回台灣語言問題的原點〉，《因爲是祖國的緣故》，台北：人間出版社。

92. 游勝冠（1996），〈台灣文學本土論的發軔〉，《台灣本土論的興起與發展》，台北：前衛出版社。

93. 黃英哲（1991.10），〈許壽裳與戰後初期台灣的魯迅文學介紹〉，《國文天地》75卷77期。

94. ──（1992.3〔1992.2〕），〈許壽裳與台灣（1946～1948）──兼論二二八前夕長官公署時代的文化政策〉，收入《二二八學術研討會論文集（1991）》，台北：二二八民間研究小組，台美文化交流基金會，現代學術研究基金會發行。

95. ──（1996.6），〈試論戰後台灣文學研究的成立與現階段台灣文學研究的問題點〉，《台灣文學發展現象》，台北：行政院文化建設委員會。

96. ──（1997.2.28），〈戰後初期台灣的文化重編（1945-1947）──台灣人「奴化」了嗎？〉，《何謂台灣？近代台灣美術與文化認同論文集》，台北：行政院文建會。

97. ──（1998.6），〈台灣省編譯館研究（1946.8～1947.5）〉，收入張炎憲、陳美容、楊雅惠編：《二二八事件研究論文集》，台北：吳三連台灣史料基金會。

98. ──（2000.5），〈戰後魯迅思想在台灣的傳播（1945～49）〉，收入中島利郎主編：《台灣新文學與魯迅》，台北：前衛出版社。

99. ──（2001.2.28），〈黃榮燦與戰後台灣的魯迅傳播（1945～1952）〉，《台灣文學學報》第二期，政治大學中文系。

100. ──（2002.2），〈「台灣文化協進會」研究：論戰後台灣之「文化體制」的建立〉，《葉石濤及其同時代作家文學國際學術研討會論文集》，高雄：春暉出版社。

101. 楊逵（1946.5.24），〈台灣新文學停頓の檢討〉，《和平日報》第三期。

102. ──（1948.3.29），〈如何建立新文學〉，《橋》副刊。

103. ──（1948.4.7），〈如何建立台灣新文學──第二次作者茶會總報告〉，《橋》副刊。

104. ──（1948.6.25），〈「台灣文學」的問與答〉，《橋》副刊。

105. 楊雲萍（1946〔民35.2.3〕），〈促進文化的方策〉，《民報》。

106. 雷石榆（1948.5.31），〈台灣新文學創作方法問題〉，《橋》副刊。

107. ──（1948.6.30），〈再論新寫實主義〉，《橋》副刊。

108. 夢周（1947.5.11），〈展開台灣的新文藝運動〉，《中華日報》。

109. 歌雷（1947.8.1），〈刊前序語〉，《橋》副刊。

110. ──（1948.3.26），〈歡迎〉，《橋》副刊。

111. ──（1948.4.9），〈關於台灣文學的特殊性及其應有的三種努力〉，《橋》副刊。

112. 劉紀蕙（2000），《孤兒女神負面書寫－文化符號的徵狀式閱讀》，台北：立緒文化出版社。

113. ──（2004），《心的變異：現代性的精神形式》，台北：麥田出版社。

114. 歐陽明（1947.11.7），〈台灣新文學的建設〉，《橋》副刊。

115. 歐陽漫岡（1948.5.4），〈寫在第四屆文藝節〉，《中華日報》。

116. 蔡史村（1949.2.23），〈從《麥浪》引起的〉，《橋》副刊。

117. 蔡淑滿（民 91 年），《戰後初期台北的文學活動研究》，中央大學中國文學研究所碩士論文。

118. 鄭勉（1949.1.7），〈人民藝術的發掘〉，《橋》副刊。

119. 鄭婉琪（2002），《政治控制、教育管制與升學主義：歷史社會學的詮釋》，清華大學社會學研究所碩士論文。

120. 鄭梓（1985.6），《本土菁英與議會政治——台灣省參議會史研究（1946～1951）》，作者發行。

121. ——（1992），〈試探戰後初期國府之治台策略〉，《二二八研討會論文集》，台北市：二二八民間研究小組。

122. ——（1994.3），《戰後台灣的接收與重建——台灣現代史研究論集》，台北：新化圖書公司。

123. ——（1998.6），〈二二八悲劇之序曲——戰後報告文學中的台灣「光復」記〉，收入張炎憲、陳美容、楊雅惠編：《二二八事件研究論文集》，台北：吳三連台灣史料基金會。

124. ——（2002.4），〈戰後行政體系的接收與重建〉，《台灣史論精選》，台北：玉山社。

125. 鄭牧之（1948.4.7），〈橋的路——建議採用雜文 針對黑暗現實〉，《橋》副刊。

126. 鄭登云（1994），《中國近代教育史》，上海：華東師範大學出版社。

127. 橫地剛（陸平舟譯）（2000.8.16），〈販賣香菸的孩子們——台灣現實主義美術的行蹤（1945-1950）〉，「蘇州・台灣新文學思潮會議」發表論文。

128. ——（陸平舟譯）（2002.2），《南天之虹——把二二八事件刻在版畫上的人》，台北：人間出版社。

129. ——（2003.12），〈范泉的台灣認識——四十年代後期台灣的文學狀況〉，《告別革命文學？》「人間思想與創作叢刊」，台北：人間出版社。

130. 蕭狄（1948.6.2），〈瞭解、生根、合作——彰化文藝茶會報告之一〉，《橋》副刊。

131. 蕭新煌（1989.10），〈當代知識份子的「鄉土意識」——社會學的考察〉，《中國論壇》265 期。

132. 賴和（1926），《作品集》，原載於《台灣民報》九十二、九十三號，一九二六年二月十四日、二十一日；一九二七年十二月十四日；一九三〇年一月一日、十一日、十八日 http://laiho.mit.com.tw/Laiho_Info/works.htm。

133. 賴明弘（民35.8.15），〈光復雜感〉，《新知識》，台中市中央書局發行（台灣舊雜誌覆刻系列）。

134. ──（民35.8.15），〈國語國文和自治能力〉，《民報》。

135. 遺珠（1947.5.4），〈跨出第一步〉，《中華日報》。

136. 錢歌川（1948.5.13），〈如何促進台灣文運〉，中華日報《海風》副刊。

137. 駱駝英（1948.7.30～8.23），〈論「台灣文學」諸論爭〉，《橋》副刊。

138. 蘇新（1947），〈「內地」與「內地人」〉，《新新》新年號。

139. ──（1993），《未歸的台共鬥魂：蘇新自傳與文集》，台北：時報文化出版社。

140. 藍博洲（1991），《沈屍、流亡、二二八》，台北：時報文化出版社。

141. ──（1995），《尋訪被湮滅的台灣史與台灣人》，台北：時報文化出版社。

142. ──（2000），《天未亮》，台中：晨星出版社。

143. ──（2001），《麥浪歌詠隊》，台中：晨星出版社。

144. ──（2001），《消失在歷史迷霧中的作家身影》，台北：聯合文學出版社。

145. 《文學運動史料選》，北京大學中文系、北京師範大學中文系、北京師範學院中文系主編，1979，上海：教育出版社。

146. Arendt, Hannah（1995），《極權主義的起源》，林驤華譯，台北：時報文化出版社。

147. Benjamin, Walter（1998），《啓迪》，張旭東譯，香港：牛津大學出版社。

148. Foucault, Michel（1993），《知識的考掘》，王德威譯，台北：麥田出版社。

149. ──（2000），《性史》，余碧平譯，上海：人民出版社。

150. Heidegger, Martin（1990），《存在與時間》，王慶節、陳嘉映譯，台北：桂冠出版社。

151. ──（1993），《走向語言之途》，孫周興譯，台北：時報文化出版社。

152. ──（1994），《林中路》，孫周興譯，台北：時報文化出版社。

153. ──（1996），《海德格選集上下》，上海：三聯書店。

154. ──（1997），《路標》，孫周興譯，台北：時報文化出版社。

155. Gadamer, Hans-Georg（1993），《眞理與方法》，洪漢鼎譯，台北：時報文化出版社。

156. ──（2003），《伽達默爾集》，嚴平編選，上海：遠東出版社。

157. Girard, Rene（2002），《替罪羊》，馮壽農譯，北京：東方出版社。

158. Lukacs, Georg（盧卡奇），（1988），《美與辯證法》，呂鈞桐譯，理論與實踐。

159. Nancy, Jean-Luc（2003），《解構共同體》，蘇哲安譯，台北：桂冠出版社。

160. Stuart, H & 陳光興（1998），《文化研究：霍爾訪談錄》，唐維敏譯，台北：元尊文化。

英文部分

1. Arendt, Hannah（1998）, *The Human Condition*, Chicago: University of Chicago Press.

2. Agamben, Giorgio（1998）, *Homo Sacer: Sovereign Power and Bare Life, trans.* by Daniel Heller-Roazen. Stanford: Stanford University Press.

3. ──（2000）, *Means Without End: Notes on Politics*, trans. by Vincenzo Binetti & Cesare Casarino. Minneapolis & London: University of Minnesota Press.

4. ──（2001）, *The Coming Community*, trans. by Michael Hardt. Minneapolis & London: University of Minnesota Press.

5. ──（2008）, *State of Exception*, trans. by Kevin Attell. University of Chicago Press.

6. Best, Beverley（2000）, "Necessarily Contingent, Equally Different, and Relatively Universal: The Antinomies of Ernesto Laclau's Social Logic of Hegemony", *Rethinking Marxism,* 12 (3): 38~57.

7. Bataille, Georges（1985）, *Visions of Excess: Selected Writings* 1927-1939, edited by Allan Stoekl; translated by Allan Stoekl, with Carl R. Lovitt and Donald M. Leslie, Jr. Minneapolis. University of Minnesota Press.

8. ──（1988）, *Inner Experience*, translated and with an introduction by Leslie Anne Boldt. Albany: State University of New York Press.

9. ──（1988）, *The College of Sociology (1937-39)*, edited by Denis Hollier; translated by Betsy Wing. Minneapolis: University of Minnesota Press.

10. ──（1989）, *My mother; Madame Edwarda; and The dead man*, translated by Austryn Wainhouse; with essays by Yukio Mishima and Ken Hollings. London; Marion Boyars: New York: Distributed in the United States by Kampmann.

11. ──（1989）, *Theory of Religion*, translated by Robert Hurley. New York: Zone Books.

12. ──（1993）, *The Accursed Share: An Essay on General Economy*, translated by Robert Hurley. New York: Zone Books.

13. ──（1997）, *The Bataille Reader, Selections*, edited by Fred Botting and Scott Wilson, Oxford, UK; Cambridge, MA: Blackwell.

14. Derrida, Jacques（1985）, "Des Tours de Babel", in *Difference in Translation*, edited with an introduction by Joesph Grahm. Ithaca: Cornell University Press.

15. Douglas, Mary（1966）, *Purity and Danger: an analysis of concepts of pollution and taboo.* London& New York: Routledge, 2002.

16. Foucault, Michel（1980）, *The History of Sexuality. Volume I*, translated from the French by Robert Hurley. New York: Pantheon Books.

17. ——（1994）, *The Order of Things: An Archaeology of the Human Sciences*, New York: Vintage Books.

18. ——（1994）,"Governmentality", in Michel Foucault —— *Power*, edited by James D. Faubion, Penguin Books.

19. Heidegger, Martin（1993）, *Basic Writings : from Being and Time（1927）to The Task of Thinking（1964）*; edited with general introduction and introductions to each selection by David Farrell Krell. Rev. and expanded ed. San Francisco, Calif. : Harper San Francisco.

20. ——（1977）, *The Question Concerning Technology, and Other Essays*, translated and with an introduction by William Lovitt. New York: Harper & Row.

21. ——（2001）, *Poetry, Language, Thought*, translation and introduction by Albert Hofstadter. New York, Harper & Row.

22. Hsiao-shih , Chen（1990）, *Party-Military Relation in the ROC and Taiwan : Paradoxes of Control*, Westview Press, Boulder, San Francisco, and Oxford.

23. Kristeva, Julia（2000）, *Crisis of the European Subject*, translated by Susan Fairfield ; with an introduction by Samir Dayal. New York : Other Press.

24. Laclau, Ernesto（1996）, *Emancipation（s）*, London: Verso.

25. ——（1996）, "Deconstruction, Pragmatism, Hegemony", in *Deconstruction and Pragmatism*, edited by Chantal Mouffe. London & New York: Routledge.

26. ——（2000）, "Identity and Hegemony : The Role of University in the Constitution of Political Logics", "Structure, History and Political" and "Constructing University" in Judith Butler, Ernesto Laclau and Slavoj Zizek, *Contingency, Hegemony, University: Contemporary Dialogues on Left*, London: Verso.

27. Laclau, E. & Mouffe, C.（1987）, *Hegemony and Socialist Strategy: Towards a Radical Democratic Politics*, London: Verso.

28. Lacoue-Labarthe, Philippe（1990）, *Heidegger, Art, and Politics : The Fiction of the Political*, translated by Chris Turner. Oxford, UK: B. Blackwell.

29. ——（1997）, *Retreating the Political*, Philippe Lacoue-Labarthe, Jean-Luc Nancy; edited by Simon Sparks. London; Routledge: New York.

30. Mouffe, Chantal（1988）,"Radical Democracy: Modern or Postmodern?" in *Universal Abandon?: The Politics of Postmodernism*, edited by Andrew Ross. Minneapolis: University of Minnesota Press.

31. Nancy, Jean-Luc（1993）, *The Birth to Presence*, translated by Brian Holmes & others. Stanford & California: Stanford University Press.

32. ──（1996）,"Why Are There Several Arts and Not Just One? " in *The Muses*, translated by Peggy Kamuf. Stanford University Press.

33. ──（2000）, *Being Singular Plural*, translated by Robert D. Richardson and Anne E. O'Byrne. Stanford, Calif.: Stanford University Press.

34. ──（2001）, *The Inoperative Community*, edited by Peter Connor & trans. Peter Connor, Lisa Garbus, & others. London: University of Minnesota Press.

35. Raymond Williams（1983）, *Keywords: A Vocabulary of Culture and Society*, New York: Oxford University Press.